CliffsNotes™

다락원 명작노트 021

신곡: 지옥편

Divine Comedy: Inferno

단테

다락원 · WILEY Publishers Since 1807

세계의 교양을 읽는다

고전을 왜 읽는가?

인간의 삶과 세상에 대한 영원한 물음이 있기 때문이다. 시대와 사상을 뛰어넘어 지금 여기 우리에게 필요한 물음이 없는 고전은 더이상 고전이 아니다. 인간과 삶에 대한 근원적인 물음 없이 고전을 읽는다면 자신과 인간에 대한 성찰과 지혜로 이어지지 않는다. 논술 시험 때문에, 과제물 때문에, 아니면 남들이 읽으니까, 나도 읽는다는 식이라면 그 책은 죽은 책일 수밖에 없다.

고전을 살아 있는 책으로 만드는 이 '물음!'에 답하기 위해서는 좋은 길잡이가 필요하다. 40년 이상 미국의 고교생과 대학 주니어들이 시험, 에세이 작성, 심층토론 준비를 위해 바이블처럼 애용해온 'CliffsNotes' 와 'SPARKNOTES'는 바로 그런 좋은 길잡이의 표본이다. 이 두 시리즈가 원조 논술연구모임인 '일이관지(一以貫之)' 팀의 촌철살인적 해설을 곁들여 〈다락원 명작노트〉로 재탄생해 논술로 고민중인 대한민국 학생 여러분을 찾아간다.

CliffsNotes와 SPARKNOTES의 가장 큰 장점은 방대하고 난해한 고전을 Chapter별로 요약하고 분석해서 원전의 내용에 보다 쉽고 체계적으로 접근하는 신속·간편성이라고 할 수 있다. 여기에 '一以貫之'팀이 원전의 중요한 문제의식, 즉 근원적 '물음'은 무엇이며, 그 '물음'은 오늘날에도 여전히 유효한가, 라는 질문을 다시 던진다.

대입논술로 고민하고, 자칭 타칭의 고전이 넘쳐나는 오늘의 독서풍토에서 지적 정복이 긴박한 대한민국 학생들에게 감히 이 시리즈를 자신 있게 권한다.

一以貫之 논술연구모임 연구실장 이호곤

차례

CliffsNotes와 SPARKNOTES는 방대한 원작을 보다 쉽게 이해할 수 있도록 돕는 안내서입니다. 원작 이해를 돕기 위해 작가와 작품에 대한 배경지식, 그리고 매 장마다 간단한 '줄거리'와 '풀어보기'가 실려 있습니다. '줄거리'를 통해서는 원작의 내용을 명쾌하게 파악함으로써 독서의 즐거움을 느낄 수 있을 것입니다. '풀어보기'에는 원작에 담긴 문학적 경향, 등장인물의 심리상태, 시대상, 주제 등을 설명해 놓았습니다. 비판적 글읽기의 바탕이 되는 요소들이죠. 비판적 글읽기는 소설과 비소설 작품을 막론하고 책을 읽을 때 꼭 필요한 자질입니다.

그 밖에도 작품을 좀더 심오하게 분석할 수 있도록 '마무리 노트', 'Review' 등을 마련해 놓아 독자 여러분의 글읽기를 돕고 있습니다.

CliffsNotes에는 특히 관심을 갖고 읽어야 할 필수요소를 강조하기 위해 다음 네 가지 아이콘을 사용하고 있습니다.

 작품 속에 내재된 주제를 드러내줍니다.

 등장인물의 속내를 알 수 있도록 도와줍니다.

 배경, 분위기, 열정, 폭력, 풍자, 상징, 비극, 암시, 불가사의 등의 요소를 밝혀줍니다.

 단어와 문구의 미묘한 느낌을 감상할 수 있도록 해줍니다.

* 〈 〉는 장편소설, 중편소설, 논픽션, 시집. " "는 수필집, 단편소설

○ 일이관지(一以貫之) 논술노트

권말에는 一以貫之 논술팀에서 작성한 논술 노트가 실려 있습니다. 원작을 우리의 삶과 연계시켜 비판적 사고와 논리적 글쓰기의 방향을 제시합니다.

○ 실전 연습문제

논술예제와 기출문제를 통해서는 원작을 바탕으로 출제 가능성이 높은 논점을 함께 숙고해 봅니다.

작가 노트

시인의 생애와 배경

단테 Dante는 1265년 5월 이탈리아 피렌체에서 태어났다. 그의 집안은 유서 깊은 귀족이었지만 부유하지는 않았다. 그는 그 시대 젊은이들이 받는 전형적인 교육을 받았다.

겨우 열두 살 되던 해, 단테는 유명한 도나티 가문의 딸과 혼담이 오가서, 지참금과 함께 그녀를 아내로 맞기로 약속이 이루어진다. 그 시대에 약혼이나 결혼은 가문의 일이어서 단테는 의무적으로 따라야 했다. 몇 년 후, 그들은 결혼했고, 아들 둘과 딸 하나를 낳았다.

단테는 중세의 가장 유명한 대학 가운데 하나인 볼로냐 대학교에서 공부했고 당대의 고명한 학자 브루네토 라티니에게 영향을 받았다. 라티니는 단테를 직접 가르치지는 않았지만 충고와 격려를 아끼지 않았다. 라티니는 「지옥편」 제15곡에 등장한다.

단테는 어린 시절, 아마 열 살에서 열두 살 때쯤 어떤 축제에서 아홉 살짜리 소녀를 만났다. 이 소녀는 밝은 진홍색 드레스를 입고 있었는데, 단테에게는 하늘나라의 천사처럼 아름다워 보였다. 이 소녀가 베아트리체였고, 그녀는 평생 단테의 위대한 사랑이 되어 그의 작품에 큰 영향을 끼쳤다. 하지만 단테는 그저 먼발치에서 사랑을 바쳤을 뿐이기 때문에 아마 그녀 자신은 단테가 사랑한 사실조차 전혀 몰랐을 것이다.

그는 이 헌신을 초기 시집 〈신생 *La Vita Nuova*〉으로 남겼다. 〈신곡 *Divine Comedy*〉의 「지옥편 *Inferno*」에서는 그녀 이름이 단 한 번 나오지만, 그녀는 「연옥편 *Purgatorio*」과 「천국편 *Paradiso*」에서는 중요한 역할을 한다.

단테는 1289년 캄팔디노 전투에서 용감히 싸우는 것으로 그의 공적인 생활을 시작했다. 1295년 경, 그는 정치에 발 벗고 나서서 그 해 시의원에 선출되었다. 당시 피렌체에는 두 개의 정파, 겔프 당과 기벨린 당이 있었다. 겔프 당은 교황을 가톨릭교회의 지배자로 인정하지만 그가 세속적인 일까지 개입하는 데는 반대였다. (이것이 오늘날의 정교분리주의다.) 그러나 기벨린 당은 교황이 종교는 물론 세속적인 일도 다스려야 한다고 믿었다. 단테는 겔프 당 당원이면서도 서로 충돌하는 두 정파 간의 평화를 주선하는 사명을 자주 맡았다. 하지만 교황이 여러 도시국가의 통일문제에 개입하는 것을 반대했기 때문에 교황 측과는 사이가 그다지 좋지 않았다.

단테는 두 당파 간의 휴전을 주선하러 로마에 가 있는 동안 중상모략을 당해 직권 남용, 도시의 평화를 깨려는 음모, 교황에 대한 적대행위 혐의로 고발되었다. 그리고 무거운 벌금이 부과됨과 동시에 피렌체 시의회에 출석해 사건 전말을 보고하고 해명하라는 명령이 떨어졌다.

목숨이 위태롭다고 느낀 단테가 그 명령에 응하지 않자 중형이 선고되었다. 그는 전 재산을 몰수당하고, 고향에 나타나면 화형에 처한다는 선고가 내려지고, 더불어 1302년 두 아들과 함께 국외로 추방되어 평생 고향으로 돌아가지 못했다.

처음에 그는 이 정치적 유배를 감수했다. 그러나 곧 이것은 너무나 바보 같은 짓이고 자신의 개인적인 안위만 생각하는 행위라고 여기게 되었다고 한다. 그가 유배시절을 어디서 보냈는지는 확실치 않으나, 가끔은 좋은 대접을 받기도 했고, 이 시절에 〈신곡〉을 저술하기 시작했다. 이 작품은 많은 사람들로부터 공감을 얻었으며 작품에 관한 평론서와 주석서들이 나오면서 그는 매우 저명한 작가가 되었다. 그를 초대한 사람 가운데 하나가 프란체스카의 조카인데, 프란체스카는 「지옥편」 제5곡에 등장한다.

단테는 1321년 9월 13일 라벤나에서 세상을 떠났고, 그의 명성에 걸맞는 성대한 장례식이 거행되었다. 그 후 피렌체 시는 몇 차례 그의 묘지를 고향으로 옮기려 했지만, 몇몇 교황까지 나서서 중재를 했음에도 불구하고 성사되지 못했다. 고향에 대한 그의 감상은 그의 가장 위대한 작품의 정식 제목 속에 뚜렷하게 나타나 있다. 〈국적은 피렌체인이나 도덕적으로는 그렇지 않은 단테 알리기에리의 희극 *The Comedy of Dante Alighieri, Florentine by Citizenship, Not by Morals*〉 이것이 출판 당시 〈신곡〉의 정식 명칭이다. 단테는 지금도 라벤나의 프란체스코 수도원에 묻혀 있다.

시대적 배경

중세의 정치는 중세기 내내 양대 세력 간의 싸움에 좌우되었다. 그 양대 세력이란 교황과 신성로마제국을 말한다. 이 둘은 서로 정통성을 내세우며 자신만이 인류 복지를 구현할 수 있다고 주장했다. 두 세력 간의 투쟁은 교황이 교회와 관련되지 않은 사안에 대해서도 주도권을 주장하면서부터였다. 다시 말해 교황이 정부를 비롯한 세속적인 일들까지도 직접 다스리겠다고 나선 것이다. 그에 반해 신성로마제국은 교황은 오직 신앙적인 분야의 수장이지 세속문제는 그의 권한 밖이라는 입장을 견지했다.

단테 시대에는 두 개의 정파가 있었다. 겔프 당과 기벨린 당이다. 기벨린 당은 이탈리아에 신성로마제국의 권력이 존속되기를 원하던 중세 귀족계층을 대변했다. 그들은 땅과 백성에 대한 귀족계층의 봉건적 기득권을 유지하기 위해 열심히 투쟁했다. 이에 비해 단테가 가담했던 겔프 당은 주로 신흥 중산층의 지지를 받았고, 부유한 상인, 은행가, 신흥 땅 부자들에 의해 주도되었다. 그들은 신성로마제국에 대항해 교황을 지지했다.

이 두 정파 간의 갈등은 도시 간의 갈등만 일으킨 게 아니고, 한 도시 안에서도 가족 간의 갈등과 분열을 가져왔다. 시간이 흐르면서, 원래의 연합 및 충성의 관계가 혼란을 일으키며 당의 이념이 이상하게 뒤죽박죽 되고 말았다. 이 두 정파 간의 갈등은 그의 생존기간 동안 더욱 뒤엉키며 첨예화되었다. 예를 들어 단테는 겔프 당 당원이면서도 제국의 권위를 지지했다. 왜냐하면 그는 이탈리아가 하나의 통일된 중앙집권국가가 되기를 열렬히 원했기 때문이다. 또한 단테는 피렌체 기벨린 당 지도자인 파리나타를 존경했다. 그렇지만 〈신곡〉에서 단테는 그를 「지옥편」 이단자들을 수용하는 옥(獄, Circle)에다 집어넣고 있다. 단테의 철학적 견해는 그의 정치관이기도 하다. 그러므로 정적은 철학적·신학적으로 잘못된 자, 즉 이단자라는 뜻이다.

단테는 버질을 고대 로마의 시인 가운데 가장 도덕적이라고 생각했다. 버질의 서사시 〈아이네이드 *Aeneid*〉는 「지옥편」의 모델이다. 단테는 〈아이네이드〉를 모두 외웠다는 말도 있다. 그는 버질을 로마제국의 제국시인으로서 존경했는데, 이는 〈아이네이드〉가 로마제국의 건국신화를 그린 서사시이기 때문이다. 뿐만 아니라, 버질은 〈전원시 *Eclogue*〉 제4편에서 세상에 황금기를 가져다줄 '기적의 아이'가 올 것이라고 상징적으로 썼는데, 이 시구는 중세기에 들어와서는 예수의 출현을 예언한 것으로 해석되었다. 그래서 단테는, 버질을 신이 인간을 구원하려고 만든 두 체제, 교황제와 제국을 대변하는 상징적 인물이라고 생각했다.

작품 노트

작품의 개요

단테를 처음 읽는 독자는 엄청난 문제에 부딪힌다. 사회가 다르고, 종교가 다르고(중세기의 가톨릭은 현대의 가톨릭과 다름), 문화가 다르고, 정치제도가 다르기 때문이다. 그 시대의 정치는 교황에 의해 지배되었다. 당시에는 교황이 정치를 마음대로 주물렀고, 반대로 교황이 정치적으로 임명되는 경우도 잦았다.

●구조

단테가 말하는 지옥의 외형적인 구조는 지구의 중심을 향해 파고들어가는 거대한 깔때기 모양이다. 단테가 인용한 전설에 의하면, 이 어마어마하고 거창한 깔때기형 구멍은 하느님이 사탄(또는 루시퍼)과 그의 패거리를 천국에서 세차게 내치자 지구에 떨어지면서 그렇게 뻥 뚫린 것이라고 한다. 그때 사탄은 지구의 중심 맨 밑창에 깔려 그 후 영원히 갇혀 있는 것이다.

덜 혐오스러운 죄인일수록, 다시 말해서 죄질이 가벼울수록 위쪽의 옥(獄)에 배치된다. 단테는 옥마다 자기 시대 혹은 역사나 전설로 잘 알려진 죄인을 선택해 그 옥을 대표하는 죄인으로 배치해 놓았다. 옥에서 옥으로 내려갈수록 죄인들의 죄질이 점점 혐오스럽고, 악의적 · 공격적 · 살인적 · 반역적이다. 그래서 그 맨 밑바닥, 지구의 중심 옥에는 사탄이 있는데, 그는 입이 세 개이고, 그 입 하나하나마다 흉악무도한 반역자를 한 명씩 물고 있다.

●벌

단테의 형벌체계는 그야말로 기발함의 극치다. 하지만 사실 너무 복잡한 편이고, 현대 독자들은 이해하기 힘들다.

원칙적으로 모든 죄인은 그의 죄와 동일하거나 그에 정반대가 되는 벌을 받는다. 예를 들어, 수전노와 낭비자는 제4옥에 함께 갇힌다. 그들의 죄는 돈을 너무 숭배해 몰래 축적하거나, 정반대로 너무나 멸시해 마구 써버린 것이다. 수전노와 낭비자는 행위는 상극이지만 돈과 관련되어 있다는 점에서 죄질이 같다는 것이다. 따라서 그들은 상대에 대한 적개심의 표시로 서로에게 무거운 돌을 던지는 벌을 주고받는다.

또 한 가지 예는 간통죄를 지은 연인들이다. 이 사람들은 이승에서 열정에 못 이겨 간통죄를 지었는데, 지옥에 와서는 열정의 폭풍에 날려가지 않으려고 서로 꼭 붙안고 시달린나. 그리고 우발적인 열정보다 의도적인 계획을 가지고 간통한 자들은 훨씬 더 밑의 옥에 갇혀 다른 종류의 벌을 받아야 한다.

그에 반해, 도둑에 대한 벌은 간단하다. 도둑질한 자는 도둑질에 사용했던 손을 잘리고, 인간이 에덴에서 만났던 그런 뱀들에게 온 몸을 휘감겨서 지낸다.

● 우화와 상징

　　우리는 단테와 그의 안내자 버질을 따라, 예상 밖의 기발한 상상력을 가진 자만이 생각할 수 있는 모험과 난관으로 가득 찬 여행길에 오른다. 이 여행은 우화인가 상징인가? 대부분의 독자들은 이 작품을 읽으며 하나하나의 사물과 그것이 무엇을 상징하는지를 생각하게 된다. 우리는 글을 읽을 때, 빨간 장미가 나오면 사랑을 상징한다, 하얀 장미가 나오면 순결을 상징한다고 생각한다. 그러면 신곡의 첫 머리에 나오는 야수들은 무엇을 상징할까? 그들의 상징성에 대해서는 얼마든지 다른 해석이 가능하므로, 독자들은 저마다 자기만의 특정한 의미를 부여할 수도 있을 것이다. 그러나 처음 읽는 독자라면 지금 단계에서는, 그것들은 모두 단테가 산 위에서 진실의 빛을 찾는 데 훼방을 놓는 장애물을 상징한다고 보면 족할 것이다.

　　하나의 우화로서의 단테의 여행은 그것이 주는 상징적인 의미들에 비해 한편으로는 더 단순하지만 다른 한편으로는 더 복잡하기도 하다. 〈신곡〉은 이승의 삶을 마감한 인간의 영혼이 하게 되는 저승 여행 이야기다. 인간은 그의 삶의 결과로 궁극적인 구원을 얻어 모든 빛의 원천인 하느님과 만날 수도 있고, 반대로 이승에서의 삶이 구원과 하느님과의 만남을 차단하는 결과가 될 수도 있다. 단테의 〈신곡: 지옥편〉은 후자의 삶을 산 자들, 다시 말해 구원을 얻는 삶에 실패한 자들이 생전의 삶에서 범한 잘못, 즉 죄에 대한 벌로 고통당하는 모습을 묘사한다. 이 지옥여행을 통해 단테는 모든 죄를 피해야 비로소 구원을 얻을 수 있다는 경고성 체험을 하게 된다.

●한 편의 희극?

단테는 자신의 시를 '희극(comedy, comedia)'이라고 이름 지었다. 고전적인 용어로서 희극이란 불행이나 혼란으로 시작되지만 행복하게 끝나는 문학작품을 뜻한다. 셰익스피어의 희극은 부부 파탄 또는 이혼으로 시작되지만 나중에 가서는 각자 자기에게 맞는 짝을 찾는 것으로 끝난다. 다시 말해서, 희극은 사람을 웃기는 이야기가 아니고 혼란스럽고 침체된 상태로부터 모든 사람들이 하나로 얽혀 큰 행복으로 발전하는 이야기다.

●시의 구조

단테 시대 사람들은 숫자에 신비한 의미를 부여했다. 단테도 예외가 아니었다. 그는 시의 구조를 일련의 신비적인 숫자들을 써서 설계했다.

3: 성 삼위일체, 즉 하느님 아버지, 성자, 성령을 상징한다. 〈신곡〉은 「지옥」, 「연옥」, 「천국」의 세 편으로 구성되어 있

다. 그리고 각 곡(曲, canto)의 각 연(聯, verse)은 세 줄씩
이다. 지옥은 세 구역으로 나뉘어 있다. 단테가 지옥을 여
행하는 데 걸리는 기간이 사흘*이다.

9: 3의 배수. 지옥의 옥(獄) 수는 9개다.

10: 완전한 수. 지옥은 그 현관과 9개 옥을 합해 10이다.

33: 3의 배수. 신곡의 각 편은 33개 곡으로 되어 있다.**

99: 신곡은 원래 99곡인데, 서곡이 추가되어 총 100곡이다.

100: 10의 배수. 단테는 100을 가장 완벽한 수라고 생각했다.

---

* 단테는 여행 기간을 명확히 기술해 놓지 않았기 때문에 학자들 간에 설명이 다르다. 단테가 어
두운 숲에서 길을 잃고 헤맨 성 금요일 오전부터 기산하여 천국 여행을 마치기까지 소요기간에
관해 7일설, 10일설 등이 있다. 지옥 여행 기간에 관해서도 위와 같이 3일이라는 설도 있고, 금
요일 저녁부터 토요일 저녁까지 만 24시간이라는 설도 있다. 역자 주.

** 「지옥편」은 34곡이지만 이는 〈신곡〉의 서문 격인 제1곡이 추가되기 때문이다. 역자 주.

줄거리(지옥편)

　서기 1300년, 서른다섯 살에 이른 단테는 성 금요일[*] 낮, 어두운 숲 속에서 길을 잃고 두려움에 휩싸인다. 이윽고 저 멀리 산 너머로 해가 지려 한다. 그는 숲을 벗어나 그 산에 오르려 하지만 세 마리 맹수, 표범과 사자와 암이리가 앞을 가로막는다. 단테는 어쩔 수 없이 다시 숲으로 돌아왔다가 버질을 만난다. 버질은 단테에게 지옥을 통해 천국으로 가는 여행의 안내자가 되어주겠다고 자청한다. 단테는 이를 승낙하고 버질을 따라 지옥의 대문으로 들어간다.

　이 두 시인이 지옥의 대문을 거쳐 지옥의 현관(vestibule)에 이르러서 그곳 풍경을 보니, 생전에 아무런 사명감 없이 줏대 없이 살던 자들^{**}이 벌레에게 물어뜯기며 아무 표시도 없는 깃발을 쫓아 영원히 맹목적으로 뛰고 있다. 두 시인은 지옥의 현관을 지나 아케론 강변에 이른다. 그곳에는 영혼들, 즉 망령들이 그들을 지옥으로 데려갈 뱃사공을 기다리고 있다. 뱃사공 카론은 마지못해 시인들을 태워 지옥의 첫 번째 옥, 일명 림보^{***}로 데려간다. 버질의 영원한 거처이기도 한

---

* **성 금요일**(Good Friday)：부활절 직전 금요일, 수난 금요일이라고도 한다.

** **줏대 없이 살던 자들**(the uncommitted)：기회주의자들이라고 번역하기도 한다.

*** **림보**(Limbo)：어떤 이론에 의하면, 림보는 천국도 지옥도 아닌 영원한 거소 또는 상태를 말한다. 어린이, 원죄는 있되 개인적인 큰 죄는 짓지 않은 자, 예수가 오기 전에 죽은 자 등이 수용된다.

림보에서 잠시 걸음을 멈춘 두 시인은 호머, 오비디우스, 호라티우스, 루카누스 등 여러 위대한 시인들을 만나 이야기를 나눈다. 그 다음 그들이 도착하는 곳은 거대한 성채인데, 그곳에는 고대의 위대한 철학자들이 머물고 있다.

단테와 버질은 이제 진짜 지옥인 제2옥으로 들어간다. 여기서부터 제5옥까지는 자제력을 상실한 죄인들을 수용하는 구역이다. 제2옥에서는 괴물 미노스가 그곳에 온 모든 자를 심판하여 죄질에 맞는 층의 지옥으로 보내고 있다. 제2옥에서 단테는 불륜 남녀 프란체스카와 파올로가 광풍에 시달리는 광경을 목격한다.

시인들은 제3옥, 탐식자 수용소로 이동한다. 이곳은 케르베루스라는 괴물이 지키고 있다. 이곳 죄인들은 진흙탕과 수렁 속에서 영원히 뒹구는 벌을 받고 있다. 여기서 단테는 치아코라는 피렌체인을 만나고, 그로부터 단테 자신과 피렌체에 관한 부정적인 예언을 듣는다.

단테와 버질은 제4옥에 들어가서는 수전노와 낭비자들을 보게 되는데, 이 죄인들은 서로에게 거대한 돌을 밀어 던지며 영원히 싸우고 있다.

그들은 제5옥으로 간다. 그곳의 늪지가 바로 스틱스 강이다. 단테는 스틱스의 늪지 속에서 영원히 싸우는 분노자들 중의 하나인 피렌체 사람 필리포 아르젠티를 만나 몇 마디 주고받은 후, 아르젠티에게 갈갈이 찢겨서 제 소원대로 되라고 욕을 한다.

그 다음, 두 시인은 디스* 시(市)의 벽을 넘는다. 넘어가니 제6옥이다. 제6옥과 제7옥은 폭력의 죄를 범한 자들의 구역인데, 제6옥은 그 중에도 이단자들을 수용하는 곳이다. 이 이단자들은 수천 개의 불타는 무덤 속에 살고 있다. 단테는 멈추어 서서 그 중 두 죄인과 대화한다. 하나는 단테가 속한 겔프 당의 정적인 파리나타 델리 우베르티, 다른 하나는 단테의 동료 시인 귀도의 아버지인 카발칸티이다.

이어, 두 시인은 깊은 골짜기로 내려간다. 거기가 제7옥의 1소옥(小獄, round)이다. 거기서 그들은 미노타우르를 만나고, 끓는 피의 강 플레게톤을 본다. 그 강에는 이웃에게 폭력의 죄를 범한 폭력자들, 폭군들, 전쟁광들이 죄질의 정도에 상응하는 깊이의 끓는 핏물 속에 살고 있다.

버질 일행은 켄타우르** 중의 하나인 네수스의 등에 업혀 플레게톤 강을 건너 제7옥의 2소옥, 자살자 수용소에 도착한다. 여기에서 단테는 피에르 델라 비녜의 망령을 만나 그의 슬픈 이야기를 듣는다.

제7옥의 3소옥은 황량한 사막인데, 불덩어리들이 눈처럼 내리고 있다. 단테는 유명한 신성모독자 카파네우스와 대

---

* **디스**(Dis): 로마 신화에 나오는 하계, 저승 또는 그곳의 신. 그리스 신화의 하데스와 플루토에 해당한다.
** **켄타우르**(Centaur): 반인반마의 모습을 한 괴물의 총칭.

화한다. 그는 또한 그가 사랑했던 학자이자 스승인 브루네토 라티니도 만난다. 이 소옥은 신성모독자, 동성애자, 고리대금업자를 수용하는 곳이다.

이제 시인들은 드디어 제8옥에 도착한다. 제8옥은 일명 악의 주머니(Malebolge)라고도 하는데, 이곳은 기만적인 죄를 범한 자들을 그 종류별로 수용하는 옥이다. 제8옥에는 10개의 구렁*이 있다. 제1구렁은 유혹자, 뚜쟁이들을 수용한다. 이들은 영원히 채찍질당하는 벌을 받고 있다. 제2구렁은 똥물이 흐르는 개천으로, 아첨꾼들의 수용소다. 제3구렁은 성직매매자 수용소로, 그들은 세례식 때 쓰는 성수반(聖水盤)에 머리를 거꾸로 처박히고 발은 불로 지지는 형벌을 받고 있다. 단테는 여기에서 교황 니콜라오 3세와 대화를 한다. 니콜라오 3세는 단테를 교황 보니파시오 8세로 오인한다. 제4구렁에서 단테는 예언자와 점쟁이들을 본다. 그들은 머리가 180도 돌아가 있어, 앞이 아니라 뒤를 봐야 한다. 그나마 눈에 눈물이 그득하여 잘 보이지도 않는다.

제5구렁에서는 독직(瀆職)죄를 범한 탐관오리들이 끓는 역청 속에 빠져 곤욕을 치르는데, 잠시라도 몸을 들면 악마의 갈고리에 찍힌다.

---

* **구렁**(bolgia, chasm): 구렁텅이, 틈, 주머니 등의 뜻. 여기서는 '구렁'이라고 부름. 역자 주.

제6구렁은 위선자들이 있는 곳이다. 주로 종교인들이 번쩍이는 납 외투를 입고 원형 트랙을 끝없이 걷고 있다. 주된 죄수는 가야바인데 그는 땅바닥에 뉘인 채 십자가에 못 박혀 있고, 다른 위선자들은 꼭 그를 밟고 지나가야 한다.

쾌활한 수도사 두 명이 시인들을 제7구렁으로 안내한다. 그곳에는 도둑들이 수용되어 있다. 그들은 손이 잘린 채 독사들이 우글거리는 속에 있다가 독사에 물려 그들 자신도 뱀으로 변해 다른 도둑을 문다. 그러면 그자는 다시 사람으로 변하지만, 얼마 후 독사에게 물려 다시 뱀으로 변하기를 영원토록 반복한다.

제8구렁에서 단테는 불꽃에 가려진 악의 모사꾼들을 본다. 거기서 단테는 오디세우스를 만나 그가 어떻게 죽었는지 그 사연을 듣는다.

제9구렁에서 시인들은 사람의 몸뚱이들이 무시무시하게 동강나 있는 것을 발견한다. 이들은 마호메트처럼 분열과 불화의 씨를 뿌린 자들이다. 모두들 원형 트랙을 도는데, 한 바퀴 돌면 동강난 몸뚱이가 도로 붙지만 조금 걸으면 다시 토막이 난다.

시인들은 이제 제10구렁에 도착하는데, 위조자를 수용한 곳이다. 이곳 죄인들은 괴질에 걸린 자도 있고, 전혀 움직이지 못하는 자도 있고, 서로 상대방의 상처 딱지를 떼어 먹고 있는 자들도 있다.

시인들은 이제 반역의 죄인들을 다루는 제9옥에 도착한다. 이곳은 코치투스라는 얼어붙은 거대한 호수로, 죄인들이 그 호수에 얼어붙은 채 서 있거나 누워 있다. 단테가 제9옥의 거대한 우물을 향해 다가가자 멀리 탑들이 보인다. 그런데 실제로 이것은 탑이 아니라 거인들이다. 그 거인들 중의 하나인 안타이오스가 시인들을 손바닥에 얹어 우물의 밑바닥까지 천천히 데려다 놓아준다.

제9옥은 네 개의 소옥으로 나뉘어 죄의 심각성에 따라 분리 수용된다. 첫째 소옥이 카이나(Caina)인데, 이곳 죄인은 목덜미까지 얼어붙은 채로 있다.

둘째 소옥은 안테노라(Antenora)이고, 죄인은 머리 근처까지 얼어붙은 채로 있다. 여기서 단테는 실수로 한 반역자의 머리를 찬다. 그 자가 이름을 밝히지 않자 단테는 그를 심하게 다룬다. 여기서 단테는 우골리노 백작을 만나 그가 겪은 끔찍한 이야기를 듣는다. 백작은 툭 하면 이야기를 하다 말고 연신 루지에리 대주교의 머리와 목을 갉아먹는데, 이는 루지에리가 이승에 있을 때 백작을 너무나 처참하게 반역적으로 대했기 때문이다.

셋째 소옥은 톨로메아(Ptolomea)로, 손님에 대해 반역적인 행위를 한 죄인을 수용한다. 한 망령이 자기 얼굴에 뒤집어쓰고 있는 얼음 면갑(面甲)을 벗겨달라고 애걸하자 단테는 그러마고 하지만 그의 이야기를 들은 후에는 이를 거절한다.

　제9옥의 넷째 소옥은 지옥의 맨 밑바닥 심연으로서, 유데카(Judecca)라고 한다. 주인이나 은인에 대한 반역자들이 모인 곳이다. 이들은 온몸이 얼음 속에서 옴짝달싹 못하고 있다. 그리고 사탄도 이곳에 갇혀 있는데, 허리춤까지는 얼음 속에, 상반신은 얼음 위에 있다. 사탄은 세 개의 머리가 달려 있고, 입마다 죄인을 하나씩 씹고 있다. 유다, 브루투스, 카시우스가 그들이다.

　시인들은 사탄의 옆구리로 기어 올라가 중력의 중심을 지나, 마침내 레테 강 강변에 이른다. 지금까지 지옥 여행은 내리막 길 여행이었지만 이제는 땅위로 나와 하늘을 향해 올라가는 여행을 하게 된다. 그들이 땅위 세상에 올라와 보니 부활절의 동이 트기 전이고, 머리 위에는 별들이 빛나고 있다.

등장인물

(괄호 안은 주로 등장하는 곡의 번호. 인명표기에서 성경 인물은 공동번역을 교황 이름 등은 가톨릭에서 쓰는 인물명을. 기타는 영어와 이탈리아어를 기준으로 삼았음. 역자 주.)

단테 *Dante* 35세 남자. 정신적으로 진정한 길―의로운 하느님의 길―을 잃고 방황한다. 단테는 너무 약해져서 누군가의 도움을 필요로 한다. 다행스럽게도 안내자가 나타나 함께 정신적인 여행을 떠나 죄의 진정한 본질을 깨닫는다.

버질 *Virgil* 이탈리아어 이름은 베르길리우스. 지옥의 제1옥, 즉 림보라는 구역에 사는 '그림자'인데, 실은 버질이라는 고대 로마 시인이다. 그는 단테가 매우 존경하는 시인이며, 단테의 여행에 완벽한 안내자다. 버질은 인간의 이성과 지혜를 대변하는 것으로 알려져 있으며, 강하고 유능한 안내자이지만 안전하고 완전한 여행을 위해서는 때때로 신의 개입이 필요하다.

아킬레스(12) *Achilles* 트로이 전쟁의 영웅. 그리스어로는 아킬레우스.

안타에우스(31) *Antaeus* 헤라클레스가 죽인 거인.

아르젠티(8) *Argenti* 피렌체 사람, 단테의 숙적.

아틸라(12) *Attila* 훈족의 추장. '하느님의 천벌'이라고 불린다.

베아트리체(2) *Beatrice* 단테에게 영감을 주는 처녀. 버질에게 단테를 구원해 주라고 간청한다.

보카(32) *Bocca* 피렌체의 반역자. 겔프 당을 배반하여 패하도록 만든다.

교황 보니파시오 8세(27) *Pope Boniface VIII* 단테의 숙적.

브루네토 라티니(15) *Brunetto Latini* 저명한 학자. 단테가 존경하는 친구이자 스승.

브루투스(34) *Brutus* 율리우스 카이사르(줄리어스 시저) 암살의 주모자.

가야바(23) *Caiaphas* 예수를 처형하도록 영향력을 행사한 산헤드린(유대교인의 의회)을 주도한 유대교 대제사장.

카파네우스(14) *Capaneus* 테베 공략 일곱 장군 가운데 하나. 제우스를 무시했다가 벼락을 맞아 죽음.

카시우스(34) *Cassius* 카이사르 암살 음모자 가운데 하나.

카발칸테 데이 카발칸티(10) *Cavalcante dei Calvacanti* 단테의 친구인 시인 귀도의 아버지.

귀도 *Guido* 카발칸테의 아들. 그의 아버지가 지옥에서 단테에게 아들의 안부를 묻는다.

교황 첼레스티노 5세(3) *Pope Celestine V* 교황 직위를 사임해 보니파시오 8세가 교황이 된다.

케르베루스(6) *Cerberus* 머리가 셋인 개. 탐욕의 화신. 제3옥 입구를 지킨다.

카론(3) *Charon* 원래 그리스 신화에서는 저승(하데스)으로 가는 강이 스틱스 강이고, 그 강의 뱃사공이 카론이다. 그러나 〈신곡〉에서 카론은 지옥으로 들어가는 아케론 강의 뱃사공이다.

치아코(5) *Ciacco* 악명 높은 뚱보. 치아코라는 이름은 '돼지'란 뜻.

클레오파트라(5) *Cleopatra* 이집트 여왕. 카이사르와 안토니우스의 연인.

디도(5) *Dido* 카르타고를 건국한 여왕. 아이네아스의 연인.

디오메데(26) *Diomede* 오디세우스의 마지막 항해 때의 동료. 오디세우스와 함께 아테나 여신상을 훔친다.

도나티 일가(28) *Donati family* 정치적으로 세도가 등등한 가문. 이 가문 때문에 정파분열이 일어난다.

에리크토니우스(9) *Erichtho* 여마술사. 버질의 망령으로 하여금 단테를 돕도록 마술을 부린다. 루카누스의 시에 등장한다. 영어식 이름은 에리크토.

파리나타(10) *Farinata* 기벨린 당의 저명한 지도자. 단테가 소속된 정당을 이긴다.

프란체스카 다 리미니(5) *Francesca da Rimini* 속아서 시집오는 바람에 시동생 파올로와 비련에 빠진 라벤나 성주의 딸.

프리드리히 2세(10) *Emperor Frederick II* 황제. 이탈리아와 시칠리아를 통일하려 함.

게리 델 벨로(29) *Geri del Bello* 단테의 사촌. 암살당함.

게리온(17) *Geryon* 기만적인 죄를 대표하는 괴물

잔니 스키키(3) *Gianni Schicchi* 도나티 가문 사람을 도와 유언장을 위조하는 일을 도움.

하르피아(13) *Harpies* 신화에 나오는 괴물. 여자의 얼굴을 한 새.

이아손(18) *Jason* 아르고 호를 타고 황금양모(黃金羊毛)를 찾아 나선 그리스 신화의 영웅. 여자 마술사 메데아의 도움으로 성공한다. 대단한 난봉꾼이다.

유다(34) *Judas* 예수의 12제자 가운데 하나. 예수를 배반한다.

마호메트(28) *Mahomet* 이슬람교의 창시자.

말라브란케(21) *Malabranche* 불화를 부추기는 자를 벌하는 악마. 말라브란케는 '악한 발톱'이라는 뜻.

말라코다(21) *Malacoda* 말라브란케 가운데 하나. 그 이름은 '악한 꼬리'라는 뜻.

메두사(9) *Medusa* 고르곤[*] 가운데 하나.

미노타우르(12) *Minotaur* 크레테 왕 미노스의 아내가 황소와 사통하여 낳은 머리는 황소이고 몸은 사람인 괴물.

네수스(12) *Nessus* 켄타우르 중의 하나. 헤라클레스에게 죽는다.

교황 니콜라오 3세(19) *Pope Nicholas, III* 교황 요한 21세의 후계자. 성직매매혐의로 소추당한다.

파올로 다 리미니(5) *Paolo da Rimini* 형의 아내인 프란체스카와 간통한다.

---

[*] **고르곤**(Gorgon): 머리털이 뱀인 세 자매. 모습이 너무 무섭고 흉해 이들을 본 사람은 돌로 변한다 함.

플레기아스(8) *Phlegyas* 제5옥에 있는 스틱스 강의 뱃사공.

플루토스(7) *Plutus* 부(富)의 신.

보디발의 아내(30) *Potiphar's Wife* 요셉이 자기를 유혹하려 했다는 거짓말로 요셉을 모략한다.

루지에리 대주교(10) *Archbishop Ruggieri* 우골리노 백작과 그의 자식들을 굶겨 죽인 반역자.

사탄(34) *Satan* 루시퍼, 디스(그리스 신화의 플로토에 해당), 또는 바알세불이라고도 한다. 타락한 천사들의 수괴로서 지옥의 왕이다.

칸 그란데 델라 스칼라(1) *Can Grande della Scala* 추방당한 단테를 돕는 친구.

시논(30) *Sinon* 트로이 전쟁 때 반역죄로 소추된다.

타이스(18) *Thaïs* 애인에게 지나치게 아양을 떠는 매춘부.

우골리노 백작(33) *Count Ugolino* 아들들과 함께 투옥되어 굶어 죽는다.

오디세우스(26) *Odysseus* 호머의 서사시 〈오디세이아〉의 주인공. 울리세스 · 율리시스 Ulysses는 라틴어 · 영어식 이름.

반니 푸치(24) *Vanni Fucci* 지나친 신성모독 발언으로 단테를 놀라게 하는 도둑.

피에르 델레 비녜(13) *Pier delle Vigne* 탐관오리에 의해 부당하게 투옥되었다가 자살함.

지옥 지도

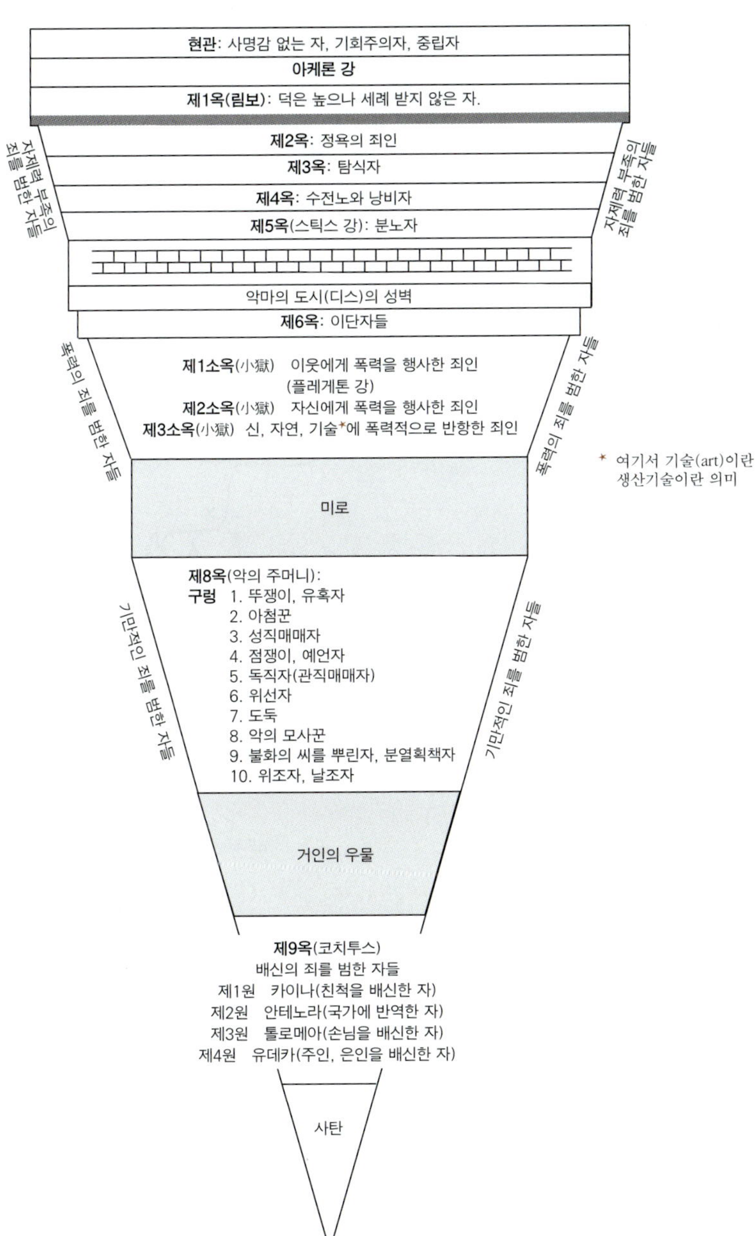

현관: 사명감 없는 자, 기회주의자, 중립자
아케론 강
제1옥(림보): 덕은 높으나 세례 받지 않은 자.
제2옥: 정욕의 죄인
제3옥: 탐식자
제4옥: 수전노와 낭비자
제5옥(스틱스 강): 분노자
악마의 도시(디스)의 성벽
제6옥: 이단자들
제1소옥(小獄) 이웃에게 폭력을 행사한 죄인
(플레게톤 강)
제2소옥(小獄) 자신에게 폭력을 행사한 죄인
제3소옥(小獄) 신, 자연, 기술*에 폭력적으로 반항한 죄인
미로
제8옥(악의 주머니):
구렁 1. 뚜쟁이, 유혹자
2. 아첨꾼
3. 성직매매자
4. 점쟁이, 예언자
5. 독직자(관직매매자)
6. 위선자
7. 도둑
8. 악의 모사꾼
9. 불화의 씨를 뿌린자, 분열획책자
10. 위조자, 날조자
거인의 우물
제9옥(코치투스)
배신의 죄를 범한 자들
제1원 카이나(친척을 배신한 자)
제2원 안테노라(국가에 반역한 자)
제3원 톨로메아(손님을 배신한 자)
제4원 유데카(주인, 은인을 배신한 자)
사탄
자제력 부족의 죄를 범한 자들
자제력 부족의 죄를 범한 자들
폭력의 죄를 범한 자들
폭력의 죄를 범한 자들
기만적인 죄를 범한 자들
기만적인 죄를 범한 자들
* 여기서 기술(art)이란 생산기술이란 의미

지옥의 대문

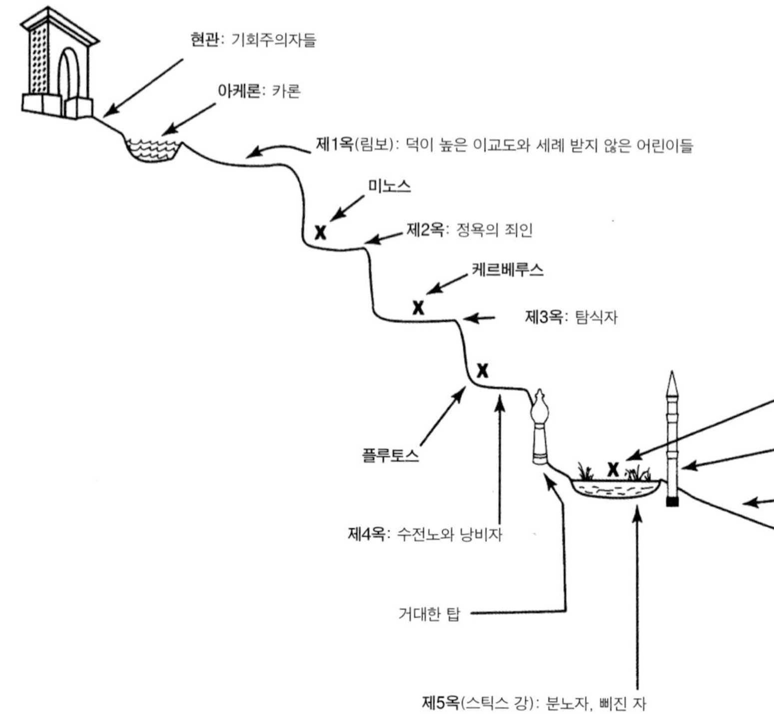

현관: 기회주의자들
아케론: 카론
제1옥(림보): 덕이 높은 이교도와 세례 받지 않은 어린이들
미노스
제2옥: 정욕의 죄인
케르베루스
제3옥: 탐식자
플루토스
제4옥: 수전노와 낭비자
거대한 탑
제5옥(스틱스 강): 분노자, 삐진 자

지옥으로 가는 길
(제7옥까지)

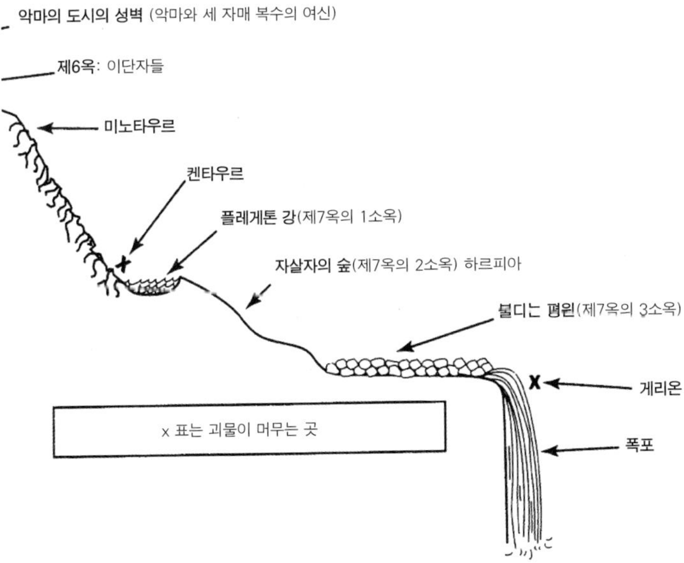

Canto별
정리
노트

제 1 곡

 단테, 길을 잃다

인생이라는 여행의 중간 지점에 다다른 단테는 어두운 숲 속에서 길을 잃었다는 사실을 깨닫는다. 그는 어느 길이 올바른 길인지, 자기가 가야 할 진정한 길에서 얼마나 벗어났는지 아무것도 알 수가 없다. 다만 분명한 것은 뚫고 지나갈 수 없는, 엉뚱한 지점에 와 있다는 사실뿐이다. 그는 심한 두려움에 휩싸인다.

그는 이 기분 나쁜 골짜기에서 하늘을 올려다본다. 산등성이 위에서 해가 빛난다. 잠시 쉰 그가 그 빛을 향해 산을 기어오르기 시작하는데, 갑자기 표범이 나타나 앞을 가로막는다. 그가 표범을 피해 길을 돌아갔더니 이번에는 표범보다도 더 무서워 보이는 굶주린 사자가 나타난다. 그 순간, 이번에는 '암이리'가 나타나더니 그를 골짜기 아래의 어둠 속으로 도로 몰고 내려간다.

이렇게, 단테가 진퇴양난의 곤경에서 어쩔 줄 모르고 있는데, 누군가가 다가온다. 그는 생전 말을 해본 적이 없는지 전혀 말이 없다. 단테는 처음에는 두려웠지만, 얼마 후 그것이 사람인지 망령인지 모르겠지만, 여하간 도움을 청한다. 그랬더니 그가 대답한다. "지금은 사람이 아니지만 전에는 사람이었다네." 그것은 버질의 망령이었다. 버질은 '거짓말과 거짓 신의 시대'에 살았던 시인으로서 〈아이네이드〉라는 서사시를 쓴 시인이다.

단테는 버질을 그의 스승이며 모든 시인의 영감의 원천이라고 칭송하며 반긴다. 버질은 단테가 암이리에 쫓겨 내려왔다는 말을 듣고는 그 암이리는 모든 동물을 유혹해 죽이는 무서운 존재이므로 피해서 다른 길로 가야 한다고 알려주면서 이렇게 예언한다. 언젠가 지혜와 사랑과 용기를 먹고 자라난 기적 같은 사냥개가 '펠트로(Feltro)와 펠트로' 사이*의 나라로부터 와서 그 암이리를 지옥으로 되쫓아 보냄으로써 이탈리아를 구할 것이다.

버질은 단테에게 자기를 따라오면 저주받은 자들이 있는 지옥, 구원받을 희망으로 참회하는 자들이 있는 연옥, 그리고 단테가 희망한다면, 축복 받은 자들이 있는 천국까지 둘러볼 수 있게 해주겠다고 말한다. 그러나 그 마지막 영역은 자기 아닌 다른 안내자가 가야 하며, 그렇다 해도, 단테의 견학이 허용될지 여부는 가보아야 알 것이라고 말한다. 단테는 기다렸다는 듯이 버질의 제안을 받아들이고, 두 시인은 저승으로의 긴 여행을 떠나게 된다.

: 풀어보기

제1곡은 신곡 전체의 서문에 해당한다. 이는 제1곡 끝머리에서 버질이 단테에게 하는 말에서 분명히 드러난다. 버질은 단테에게 천국 입구까지는 안내해 줄 수 있지만 그 후부터는 다른 안내인이 맡을 거라고 말한다. 버질은 예수 탄생 이

---

* 전에는 펠트로와 펠트로 사이란 하늘과 하늘 사이로 번역했으나 요즘은 상징성을 떠나 베네치아 부근의 펠트레를 가리킨다고 지리학적으로 해석하기도 한다. 펠트로는 시 원문에 나오는 기적 같은 개인데, 해석상 단테의 친구인 칸 그란데 델라 스칼라를 상징한다고 한다. 역자 주.

전에 태어났으므로 '축복 받은 영역'에 들어가는 것이 허용되지 않기 때문이다.

제1곡의 시작은 현실세계의 어떤 낯설고 기괴한 장소를 지나는 실제 여행처럼 보이지만, 첫 3행 연구(3行 聯句, tercet)가 끝난 다음부터는 모든 것이 우화임이 분명해진다. 이 작품은 구원으로 가는 단테의 인생여행 우화인 것이다.

이야기는 단테가 일생의 절반쯤에 이른 35세—35는 성경에 나오는 '인생 70'의 딱 절반—에 시작된다. 단테는 길을 잃었다. 그는 자기가 올바른 길에서 벗어났다고 말하지만, 독자는 그가 어떤 특별한 죄를 범했거니 생각하면 안 된다. 시 전체를 통해 단테는 중세 가톨릭 신학을 엄격히 따르고 있다. 그 신학은 인간은 올바름과 도덕을 의식적으로 추구해야 한다고 가르친다. 간단히 말해서, 사람이 너무 일상사에 얽매이다 보면 점점 무감각 상태에 빠져들어 도덕의 정도(正道)를 벗어나는 경우가 흔하므로 이를 경계해야 한다는 것이다.

단테가 볼 때, 인간은 올바른 행동을 해야 할 필요성을 이성적으로 늘 자각하고 있어야 한다. 따라서 죄는 이성의 타락 또는 도착(倒錯)이다. 단테가 '어두운 숲'에 있다는 말은 항상 '옳은 길'을 의식하며 살지 못하는 상태를 우화적으로 표현한 것이다. 깨어 있는 모든 순간을 의식적으로 도덕에 바치지 않는다면, 그 인간은 어두운 숲에 있는 것이다.

시 전체를 통해 버질은 인간의 이성과 덕성을 대변한다.

그러나 이 둘은 그 자체로는 훌륭한 특성이지만 그것만으로는 구원을 얻는 데 충분하지 못하다. 그러나 버질은 그의 시를 통해, 그의 높은 윤리와 도덕을 통해, 그리고 〈아이네이드〉에서 그가 이미 아이네아스라는 인물로서 지옥을 여행한 바 있다는 단순한 사실로 인해, 단테에게는 완벽한 여행 안내자다.

그리고 원문에서 버질의 목이 쉬었다는 표현이 나오는데, 이는 버질의 높은 도덕과 엄격한 윤리관이 단테 시대에는 충분히 인정받고 있지 못함을 미묘한 방법으로 표현한 것이다. 다시 말해서, 단테는 버질이 읽혀져야 할 만큼 널리 읽히지 않고 있다는 생각을 하고 있는 것이다. 또, 버질은 죽은 후 살아 있는 인간과 대화를 나누는 것이 이번이 처음이라서 익숙하지가 않다. 망령은 인간이 먼저 말을 걸기 전에는 인간에게 말하지 못한다는 것이 당시의 일반적인 믿음이었다. 이런 믿음은 햄릿이 아버지의 망령과 만나는 데서도 볼 수 있다.

세 마리 맹수가 무엇을 지칭하는지에 관해서는 너무나 많은 의견이 나와 있으므로, 앞서 언급한 대로 그저 단테가 길을 '곧고 바르게' 가는 것을 막는 장애물이라고 생각하면 충분하다.

〈신곡〉 전체의 서문 격인 제1곡은 여행의 출발점이고 첫 목적지는 지옥이다.

제 2 곡

버질의 인도를 받다

　　때는 성 금요일 저녁. 두 시인이 지옥의 입구에 도착한다. 그러나 단테는 자기가 정말 여행 자격이 있는지 의문이다. 그는 아이네아스와 사도 바울이 이런 여행을 한 적이 있다는 사실을 떠올리면서, 과연 자기가 이

런 고귀한 자들의 무리에 낄 자격이 있는지 아주 염려스럽다. "나는 아이네아스도 아니고, 바울도 아닌데…" 단테는 걱정이 태산이다.

버질은 걱정스러워하는 단테를 나무라며, 지금 천국에 가 있는 베아트리체를 비롯한 많은 성령들이 그를 돌봐줄 테니 안심하라고 타이른다. 버질은 동정녀 마리아의 메신저인 성 루치아가 베아트리체를 자기에게 보내 단테가 '어두운 숲'을 벗어나 '옳은 길'을 다시 찾도록 도우라고 지시했음을 알려준다. 그리고 베아트리체가 울면서 부탁했기 때문에 너 단테를 구출했으며, 지금 함께 여행을 떠나는 것이라고 전말을 말해 준다.

버질은 천국의 세 여인—동정녀 마리아, 성 루치아, 베아트리체—이 그를 돌보고 있으니 항상 용기를 잃지 말라고 이른다. 그제서야 비로소 확신을 얻은 단테는 버질을 따라 여행길에 오른다.

: 풀어보기

제1곡이 신곡 전체에 해당하는 서문이라면, 제2곡은 「지옥편」의 서문에 해당한다. 단테는 뒤에 이어지는 「연옥편」이나 「천국편」에서는 기독교적인 신에게 발원하지만, 「지옥편」에서는 기독교적 신에게 기원하지 않고, 전통적인 뮤즈들*, 즉 시의 여신, 재능의 여신, 그리고 기억의 여신에게 서사시를 잘 쓰게 해 달라고 빈다.

단테는 짧은 발원문에서 자기보다 먼저 지옥 여행을 한

---

* **뮤즈**: 그리스 신화에서 시, 학예, 음악 등을 관장하는 아홉 여신들의 총칭.

두 사람, 아이네아스와 사도 바울을 언급한다. 그 두 사람은 단테의 두 가지 중요한 관심사 ― 교황제와 제국 ― 를 대표한다. '선택된 그릇'은 사도 바울이고, 여기에 묘사된 지옥의 모습은 중세에 널리 읽힌 바울의 글, 〈바울의 묵시록〉이라는 4세기의 외경*에 나오는 내용이다. 따라서 단테는 이 외경을 읽었음이 분명하다. 그는 일찍이 지옥에 내려가 아버지 안키세스를 만나 미래 로마 국민의 위대함과 로마제국의 건국에 관해 배워온 바 있다. 단테의 교황제와 제국에 대한 이러한 선입견은 「지옥편」 전체를 통하여 계속 나타난다.

　　동정녀 마리아라는 이름은 암시로만 드러날 뿐임을 주의하기 바란다. 다시 말해서, 「지옥편」에서는 동정녀 마리아라는 이름 자체가 직접 거명되는 적이 없다. 뿐만 아니라 예수라는 이름도 이 성스럽지 못한 영역에서는 직접 언급되지 않고 오직 우회적으로 지칭될 뿐이다. 한편, 베아트리체 역시 제2옥 103행에 단 한 번 직접 거명될 뿐이다.

제 3 곡

지옥의 강을 건너다

제3곡은 지옥의 대문에 새겨진 글귀로 시작된다. 단테는 그 글의 의미를 잘 몰라서 버질에게 설명을 청한다. 버질은 단테에게 용기를 내라고 이른 다음, 여기는 이미 자기가 예고한 대로, '지성(知性)의 선(善)'*을 잃고 (지옥에) 떨어진 자들이 있는 곳이라고 설명한다.

두 시인이 지옥 대문을 들어서자마자 지옥의 광경과 소리가 단테를 엄습한다. 단테는 심한 고통을 겪는 망령들을 보자 몹시 두려워진다. 그칠 줄 모르는 외침소리에 단테는 저 망령들이 누구냐고 묻는다. 버질은 사명감 없이 살아온 자들, 다시 말해 자기 자신만을 위해 살았던 이기주의자·기회주의자의 망령들과 하느님에게 대항하지는 않았지만 그렇다고 마귀에 충성하지도 않은 천사들이라고 가르쳐준다. 이런 망령이나 천사들은 천국도 지옥도 받아주지 않기 때문에, 이곳에서 벌과 말파리에 쏘여가며 빈 깃발을 쫓아 영원히 달려야 하는 벌을 받고 있다. 다리에 붙은 벌레들이 이들이 흘리는 피와 눈물을 빨아먹는다.

단테는 이들에 관해 좀더 알고 싶었지만 버질이 길을 재촉해 아케론 강가로 이동한다. 뱃사공 카론은 단테에게 살아 있는 자는 지옥에 속할 자가 아니니 돌아가라면서, 단테에게는 좀더 가벼운 배를 타고 다른 강을 건너라고 말한다. 그러자 버질이, "뜻이 그렇게 되어 있은 즉, 뜻이 되어

---

* '지성의 선'은 곧 진리, 진실, 따라서 결국 '신의 정의'를 뜻한다.

진 대로 되게 하라"며 카론을 꾸짖는다.

카론은 더 이상 대꾸하지 않고, 손짓을 하거나 떠밀어서 다른 망령들을 배 안으로 몰아넣는다. 배 타기를 머뭇거리는 자가 있으면 사정없이 노로 후려갈긴다. 배가 강을 건넌다. 그러나 배가 건너편에 닿기도 전에 단테가 떠나온 나루터는 저주받아 도착한 망령들로 다시 들끓는다. 버질은 단테에게 카론이 그를 태우려고 한 데서 위안을 얻으라고 말한다. 아케론 강은 지옥으로 가도록 저주받은 자만이 건너는 강이기 때문이란 것이다.

버질이 설명을 마치자 별안간 지진이 일어나며 바람이 불고 땅에서 불길이 번쩍인다. 어찌나 놀랐는지 단테는 그만 기절하고 만다.

글귀가 쓰여 있는 대문을 들어가니 현관인데, 그곳은 지성을 하느님을 택하는 일에 사용하지 않은 자들을 수용하는 곳이다.

지옥의 대문에는 매우 충격적인 문구가 새겨져 있다. "여기로 들어오는 자는 모든 희망을 버려라." 단테가 그것이 자기에게도 적용되는 줄 알고 괴로워하자 버질이 웃으며 안심시킨다.

지옥 대문에 걸린 새김글은 완전한 절망의 공포를 의미한다. 누구든 그 문에 들어서게 되면, 그 순간 모든 희망은 사라진다. 단테는 이 문장이 너무나 가슴을 옥죄어 소리를 지른다. 그러나 이 저주의 말은 단테에게는 적용되지 않는다. 왜냐하면 우화적으로 그는 아직 구원을 성취할 수 있으며, 아직 살아 있으므로 현재로선 죽은 망령을 대상으로 하는 그 글귀와는 아무런 관게가 없기 때문이다.

이 곡 첫머리에서 단테는 지옥을 처음 보자 연민의 눈물을 흘리고 공포에 떤다. 이런 심경은 한동안 계속되지만 나중에 가서는 죄인들에게 동정을 느끼지 않게 된다. 이 곡은 그가 배우고, 그의 성격이 전개되는 과정이다. 그런데 단테는 이 곡에서 죄는 동정의 여지가 없다는 것을 깨우치지 못하고, 여러 곡을 지나서야 비로소 그 사실을 깨우친다.

 제3곡에서 단테는 지옥의 지적(知的) 구조를 설정한
다. 지옥은 의도적 · 지성적 · 의식적으로 악한 삶의 길
을 택한 자들을 수용하는 곳이라는 것이 단테의 기본 관념이
다. 반면, 천국은 의식적으로 삶의 올바른 길을 선택한 자들을
위한 보상이다. 그러므로 만일 지옥이 고의적이거나 의도적으
로 나쁜 선택을 한 자들을 수용하는 곳이라면, 악이건 선이건
어느 쪽도 선택하지 아니한 자들을 수용하는 곳도 있어야 한
다. 그런 의미에서 지옥의 현관은 어느 쪽으로의 선택도 거부
한 자들을 수용하기에 딱 들어맞는 장소다. 그래서 지옥의 현
관에서는 세상에서 선택을 기피한 자, 삶의 문제에 대해 결단
을 내리지 아니한 자들이 모여서 끊임없이 무의미한 달리기를
계속한다.

 이 형벌은 응보의 법칙을 단테 식으로 펼쳐 보인 첫 예
다. 지옥의 현관에 수용된 자들은 휘날리는 빈 깃발을
쫓아 한없이 달린다. 그들은 살아생전에 뭔가 뜻있는 목적을
위해 피를 흘리려 하지 않았으므로 이제 지옥에서는, 내키지
는 않겠지만, 자신의 피와 눈물을 흘려 벌레들의 먹이를 제공
하고 있다.

이곳의 죄인들 중에는 하느님이나 사탄 어느 쪽에게도
의탁하기를 거부하고 중립적이었던 타락한 천사들이 포함된
다. 그러나 선택 거부도 하나의 선택이라는 것이 단테의 생각
이다. 이 사상은 그 후 실존주의 철학의 중심을 이룬다.

단테는 이곳에서 교황 첼레스티노 5세를 발견한다. 그는 단 5개월 만에 교황 자리를 포기하고 1294년에 단테와는 불구대천의 적인 보니파시오 8세에게 교황 자리를 넘긴, '위대한 거부'를 한 자다. 첼레스티노 5세는 문제를 정면 돌파하지 않고 사명감도 이름도 없는 평민으로 돌아가는 길을 택했다.

주제탐색 카론이 단테를 배에 태우지 않으려고 한 이유는 구원의 기회가 없는 죽은 자만을 태우는 것이 그의 직무이기 때문이다.

버질이 주문을 외듯이 하는 말, "뜻이 그렇게 되어 있은즉, 뜻이 되어진 대로 되게 하라"는 '하느님'이라는 단어를 「지옥편」에서 쓰지 않기 위한 우회적인 표현이다. 이 말은 제5곡에서도 거듭된다. 이 밖에도 단테는 여러 가지 완곡어법을 사용하여 하느님을 표현한다.

지옥의 외곽 경계에 해당하는 아케론 강의 강변은 단테가 생각했던 것보다 훨씬 많은 수의 망령들로 붐빈다. 이 망령들은 카론의 분노만이 아니라 신적 정의의 날카로운 자극에 못 이겨 결국은 강을 건너게 된다. 이승에서 죄를 향한 욕구가 그들의 선택이었듯, 강을 건너는 것은 그들의 마지막 선택이다.

제 4 곡

형벌 없는 지옥, 림보

단테는 꽝 하는 천둥소리에 잠에서 깨어난다. 한참 깊은 잠을 잤으므로 그의 눈은 충분한 휴식을 취한 상태다. 어느덧 배는 아케론 강을 건넜고, 그는 깊은 미로가 시작되는 지점에 와 있었다. 그 미로로부터 '지옥의 영원한 외침소리가 천둥처럼' 들려온다. 버질은 단테에게 따라오라고 재촉한다. 단테는 버질의 얼굴이 창백해진 것을 보자 걱정이 앞선다. 버질은 자기 얼굴이 창백한 것은 동정심 때문이지, 겁이 나서가 아니라고 단테를 안심시킨다.

두 시인은 지옥의 제1옥, 림보에 들어선다. 그곳은 저명한 이교도들이 수용된 곳이다. 버질은 이곳의 그림자(망령)들은 단지 주의 은혜 없이 태어났다는 이유만으로 여기에 와 있으며, 그 까닭은 그들이 주 예수보다 먼저 태어났거나 혹은 후에 태어났더라도 어려서 세례를 받지 않았기 때문이라고 설명한다. 단테는 림보에서 구제된 망령도 있느냐고 묻는다. 버질은 '힘 있는 분'께서 과거에 한 번 이곳에 오셔서 많은 망령들을 천국으로 데려가신 적이 있다고 답한다.

두 시인은 이런저런 얘기를 주고받으며 림보의 숲을 지나간다. 모닥불이 지펴져 있고, 그 주변에 명예로운 인물들이 앉아 쉬고 있는 광경이 단테의 눈에 들어온다. 단테는 버질에게 저 사람들은 왜 다른 망령들과 따로 지내고 있느냐고 묻자, 이승에서 명성이 높았기 때문에 별도의 자리를 얻은 것이라고 가르쳐준다.

　버질의 귀환을 환영하는 소리가 들리더니, 호머, 호라티우스, 오비디우스, 루카누스의 망령이 두 시인에게 다가온다. 버질은 단테에게 그들의 이름을 알려주더니 단테를 제쳐놓고 그들과 이야기를 나눈다. 얼마 후 그들이 단테에게 인사하며, 단테를 그들 중의 하나로 인정하겠다고 말한다. 이들 6인 일행은 앞으로 걸어가며 단테가 그 내용을 밝히지 않는 어떤 주제에 관해 단테와 대화를 나눈다. 일행은 벽이 7개*이고, 둘레에 작은 개울이 흐르는 어떤 성에 도착한다.

　단테와 버질은 그 개울을 건너 7개의 성문을 차례로 지나 푸른 초원에 도착한다. 그곳에는 그 성채에 머물며 주인 노릇을 하는 인물들이 있다. 두 시인은 작은 언덕 위로 올라가고, 단테는 그들을 한눈에 알아본다.

---

* 여기서 7은 사려, 공의(公義), 강직, 절제의 4덕과 총명, 지식, 지혜의 3지를 뜻한다. 역자 주.

단테는 그 초원의 성채에 머무는 통치자, 철학자, 그리고 그 밖의 여러 사람의 이름을 대면서 그들 전부를 거명할 시간이 없어 유감이라고 말한다. 철학자 가운데 유명한 사람을 꼽아보니, 소크라테스, 플라톤, 키케로, 세네카, 그리고 '아는 자의 스승(아리스토텔레스)'이다. 단테와 버질이 그 조용한 곳을 떠나 한참을 가니, 빛이 없는 곳이 나타난다.

단테는 지옥의 현관과 형벌이 실행되는 본격적인 지옥 사이에다 제1옥 림보를 설치했다. 지옥의 현관과 제2옥 이하의 옥들은 지옥 본토, 즉 형벌이 실행되는 곳이지만 림보는 지옥이기는 하되 형벌이 없는 곳이다. 이곳은 그리스도 신앙에 관해 선이건 악이건 어느 편도 선택할 수가 없었던 자들을 수용하는 곳이다. 이 옥에는 예수 탄생 이전에 살았던 저명한 이교도들과 예수 탄생 이후에 태어났지만 세례를 받지 않은 자들이 수용되어 있다.

림보에 수용된 망령 대다수는 진짜 죄인이 아니고 예수 이전에 산 자들일 뿐이다. 이들 저명한 이교도들은 그들 스스로가 창조한 장소에서 영원히 산다. 단테가 이름을 거명한 망령들, 예를 들어 아리스토텔레스, 소크라테스, 플라톤 같은 이들은 종교에 의해서가 아니라(적어도 단테의 종교는 아님), 지혜와 사상에 입각해서 살아간다. 그러므로 그들이 사는 지옥은, 비록 하느님의 빛은 없지만, 인간의 지혜로 살아가는 것이 허용된다. 그래서 제1옥 림보의 대부분은 어둡지만, 인간의 이성이 조그마한 불빛을 내는 것은 용인된다. 이를테면 소크라테스는 그가 남긴 글에서, 사후 세계를 그가 가기 전에 이미 와 있거나 그와 같은 시대에서 온 위대한 사람들이 모두 함께 만나 토론을 벌이는 장소로 마음에 그리고 있었다. 따라서 소크라테스는 그가 그리던 영원한 이상향에 간 셈이 된다.

그래서 림보의 거주자 소크라테스는 동거하는 다른 위대한 망령들과 철학을 논하고 있다. 바꿔 말하면 그는 자기가 현자로서 마음에 그렸던 그런 완벽한 내세를 얻은 것이다. 그러므로 그의 내세는 벌이라고 할 수가 없다. 예수, 즉 메시아를 믿는 신앙이 결여되었다는 이유로, 예수를 모를 수밖에 없었던 사람을 벌할 수는 없기 때문이다. 버질은 자기가 림보에 온 지 얼마 후*, 어떤 '힘의 왕관'을 쓴 분이 림보에 오더니, 구약에 나오는 모든 인물들(그들은 언젠가 메시아가 나타날 것이리고 믿은 사람들)의 망령들을 데리고 갔다고 말한다.

이것은 아주 저명하고, 윤리적이며, 도덕적인 사람들이 아직도 림보에 있다는 사실은 인간이 아무리 노력해도, 다시 말해 제아무리 덕과 지식과 윤리와 도덕을 쌓아도 예수를 믿지 아니하는 자는 구원이나 구제가 안 된다는 것을 우화적으

---

* 버질은 BC 19년에 죽었으므로 얼마 후란 52년 후란 뜻. 역자 주.

로 암시한다. 뒤집어 말하면, 만일 어떤 개인이 예수를 믿는다면 공개적으로 세례를 받아 구원의 은혜를 받을 수 있는 신앙 자세를 갖춰야 비로소 림보에 떨어지는 것을 피할 수 있다. 단테가 볼 때, 아무리 훌륭한 작품을 쓰고, 덕망과 도덕이 높은 경지에 달했다 해도 예수를 구원자로 받아들이지 않는 한, 소용이 없다는 것이다.

주제 탐색 림보에 사는 사람들 가운데 구원받은 이가 혹시 있었느냐고 묻는 단테의 질문에는 종교적 주제가 분명하게 담겨져 있다. 버질은 단테에게 자기가 림보에 갓 도착했을 때, '힘 있는 분'이 오셔서 다수의 구약상의 인물들, '우리의 첫 아버지'(아담), 아벨, 노아, 모세, 아브라함, 다윗 왕, 이스라엘(야곱)과 그 자녀들, 라헬 등등을 데려갔다고 대답한다. 이것이 소위 '지옥의 정복'인데, 예수는 십자가에 달리시던 날 림보에 오셔서 이들을 구원하셨다는 것이다. 이 한 사건을 제외하고는 림보를 회피한다거나 탈출하는 일은 없다. 단테에 따르면, 예수는 유일한 구원자이며 그가 없이는 림보의 망령들은 영원히 그곳에 있을 수밖에 없다.

인물 탐색 단테는 이 곡에서 다소 과잉에 가까운 자존심을 자신의 대사를 통해 피력한다. 단테는 사상과 시의 선조들인 호머, 호라티우스, 루카누스, 오비디우스 등을 만나자 우쭐한다. 단테는 자기가 그 집단의 일원인 양 생각하고, 그들 역시 단테를 자기네 무리에 끼워준다. 이는 단테가 자기 자신에 대해 상당한 자만심을 느끼고 있음을 증명하는 대목이다. 그는 자화자찬 식으로 자기를 위대한 고전시인의 반열에 올려놓고 있다.

이 곡에 쓰인 언어도 눈여겨보아야 한다. 단테는 그가 만난 림보의 등장인물들을 한껏 고양시키고 최고의 존경을 표시한다. 명예, 장엄, 대가(大家), 휘황 따위의 단어는 「지옥편」을 통틀어 이 곡에서만 자주 쓰이고 있다. 단테는 훌륭한 작품, 도덕, 덕성 등이 대단히 값진 것임을 믿지만 그것들이 천국행의 충분조건은 아니라는 것이 분명한 입장이다.

제 5 곡

 정욕의 저주를 받은 자들

단테와 버질은 제2옥으로 내려간다. 제2옥은 제1옥에 비해 규모가 작다. 망령이 죗 값으로 벌을 받는 것을 기준으로 말하자면, 제2옥이 사실상 지옥의 시작이다. 단테는 대기중인 망령들을 심문하고 재판하는 거대한 야수 미노스를 목격한다.

미노스는 망령이 자기 죄를 고백하는 걸 듣고 꼬리로 제 몸을 감는다. 그 감은 횟수가 곧 그 망령이 떨어져야 할 옥의 번호다. 미노스는 단테에게 지금 네가 어디에 와서, 누구를 만나고 있는지 아느냐며 으름장을 놓는다. 이렇게 미노스가 단테에게 딱딱거리자, 버질이 미노스를 꾸짖어 잠자코 있게 만든다. 버질은 제3곡에서 카론에게 한 말을 되풀이한다. "뜻이 그렇게 되어 있은 즉, 뜻이 되어진 대로 되게 하라." ('하느님'이란 단어는 「지옥편」 어디에도 나오지 않는다.)

단테가 바라보니 완전한 암흑세계가 눈에 들어오는데 거기서 폭풍이 이는 바다보다도 더 시끄러운 소리가 들려온다. 슬퍼하는 소리, 신음하는 소리, 외치는 소리, 망령들이 그칠 줄 모르는 폭풍에 휩쓸려 회오리치며 내지르는 괴성이다. 버질은 이들이 육욕의 저주를 받은 자들이라고 알려준다. 단테가 바람에 휩쓸려 지나가는 몇몇 망령들의 이름을 묻자 버질은 그들의 이름과 간단한 이력을 말해 준다.

그러자 단테는 함께 있는 남녀 두 죄인을 가리키며 그들과 얘기를 나눠보고 싶다고 말한다. 그러자 버질은 그러면 사랑의 이름으로 그들을 불

러보라고 한다. 단테가 그렇게 하자, 두 남녀가 다가오고 그 중 여자가 단
테가 표시한 동정에 감사한다며 단테에게 평화가 있기를 기원한 다음, 자
기들의 사연을 이야기한다. 그 여자는 먼저 자기들을 죽인 자는 지옥의
훨씬 더 낮은 층으로 떨어질 거라는 말부터 한다. 단테는 고개를 숙이고
버질에게 자기는 지금 저 연인들을 이곳에 오게 만든 '달콤한 생각과 욕망'
에 관해 숙고해 보는 중이라고 말한다. 단테는 프란체스카라는 그 여자의
이름을 부르면서, 그녀와 그녀의 남자가 어떻게 죄의 유혹에 빠지게 되었
느냐고 묻는다.

프란체스카는 랜슬럿과 귀너비어의 로맨스*를 그린 책이 그들의 타락의 원인이었다고 대답한다. 그들은 단둘이 큰소리로 그 책을 읽었는데, 그 내용의 상당 부분이 자기들의 사랑을 말하는 것처럼 느껴졌다고 한다. 그들은 입을 맞추었고 그때부터 책은 잊어버렸다고 한다. "그날은 더 이상 읽지 않았어요."

그녀의 망령이 이야기하는 동안, 남자 연인 망령은 처연하게 울기만 한다. 단테는 가엾은 나머지 자신도 따라 울다가 그만 기절한다.

문학적
장치
지옥의 진짜 시작은 제2옥부터다. 여기서부터 지옥의 진짜 형벌이 시작된다. 크레테의 전설적인 왕 미노스가 제2옥의 심판관으로 이곳에 온 망령들을 심판한다.**

제2옥은 육욕의 죄인을 벌하는 옥이다. 이곳 죄인들은 그들이 생전에 욕정에 휩쓸렸듯이 이곳에서는 광풍에 휩쓸려 시달리는 벌을 받고 있다. 제5곡은 육욕은 물론, 탐식, 방종, 격정 등 자제력을 잃거나 자제력이 부족하여 죄를 지은 자들을 수용하는 여러 옥에 관해 소개된다.

---

* 랜슬럿은 아서왕의 전설에 나오는 원탁의 기사들 중 가장 유명한 기사이고, 귀너비어는 아서왕의 아내로서 둘은 사랑에 빠진다.

** 전설에 의하면 크레테의 왕이던 미노스는 죽은 후, 지옥의 심판관 3명 가운데 하나가 되었다. 신화에서 그는 동정적이다. 예를 들어 그의 아내 파에사페가 황소와 정을 통해 미노타우르를 낳았지만 그의 아내를 심판하지 않았다. 하지만, 단테는 그를 냉혹한 심판자로 묘사하고 있다.

지옥의 다른 경비원들과 마찬가지로, 미노스는 단테를 들여보내지 않으려 한다. 단테는 아직 살아 있는 자이므로 구원받을 여지가 있기 때문이다. 그러나 버질이 입장시킬 것을 강요한다. 단테가 제2옥에서 보는 인물들은 클레오파트라, 디도, 헬렌 같은 여자들이다. 이 여자들 중 몇몇은 간통만 범한 게 아니라 자살의 죄도 범했다. 따라서 왜 그 여자들은 자살의 죄를 범한 자들이 가는 더 깊은 옥에 갇혀 있지 않는지 의문이 들게 마련이다. 그러나 독자들은 단테의 지옥에서는 한 인간은 그의 기준, 다시 말해서 그가 살았던 사회의 기준에 의해 심판 받는다는 것을 기억해야 한다. 예를 들어, 고전시대에는 간통은 죄였지만 자살은 죄로 취급되지 않았다. 그러므로 그 망령은 자신이 살았던 시대의 윤리에 따라 심판을 받아, 자살이 아니라 간통의 죄인으로 취급되는 것이다.

단테는 파올로와 프란체스카를 향해 사랑의 이름으로 그들을 부른다. 그렇게 한 것은 버질이 시킨 대로, 부탁을 온건 회법으로 한 것이라고 보면 된다. 프란체스카는 그들의 사연을 이야기하지만 파올로는 그저 울기만 한다. 프란체스카 다 리미니는 미남 시동생 파올로의 불구자 형님이자 리미니 성의 성주 지안치오토의 아내였다. 이 부부는 정략결혼을 했는데 약 10년 후 파올로와 프란체스카가 이 서사시에 묘사된 불륜에 빠진다. 그 사실을 알게 된 지안치오토는 즉시 두 사람을 죽여 버렸다. 그 때문에 지안치오토는 지옥의 가장 낮은 옥에 갇히게 되었다.

현대의 독자들은 단테가 간통이나 육욕의 죄를 왜 자제력을 잃은 죄 가운데서 가장 덜 혐오스러운 것으로 분류하는지 이해하기 어려울 때가 가끔 있다. 단테는 지옥의 지적 구조를 정할 때, 지옥이라는 곳을 고의로 죄를 범하고 참회하지 않는 자가 가는 곳으로 생각한다. 이 점은, 단테가 지옥의 아래층으로 내려갈수록 악의의 범죄자, 기만의 범죄자를 수용하는 옥으로 설정하고 있는 것을 보면 틀림이 없다. 프란체스카와 파올로의 예를 놓고 보면, 프란체스카는 고의로 간통을 선택한 것이 아니고 서서히 자기도 모르는 사이에 파올로에 대한 사랑으로 빠져 들어간 것이다. 이것은 적극적인 범죄 의지가 있었다기보다는 자제력 부족 내지 의지박약의 결과다. 게다가 남편이 그녀를 성급하게 죽이는 바람에 참회할 기회마저 없었다. 그러므로 그녀는 제2옥에 수용되는 것이 단테의 견지에서 볼 때는 적정하다.

열정적인 그녀는 죄를 지을 가능성이 많고, 또 분명히 죄를 지었다. 그러나 그녀는 자신의 영생보다도 사랑하는 남자를 향한 사랑에만 몰두하는 여성상을 대표한다. 그녀에게 파올로에 대한 사랑은 지금은 비참함으로 남았지만, 이승에서는 유일한 행복이었다. 다시 말해 사랑은 전에는 그녀의 천국이었지만, 지금은 그녀의 지옥이다.

 지옥에서 죄인들은 그들을 거기에 오도록 만든 이승에
서의 속성을 영원히 그대로 유지한다. 그러므로 단테가
본 지옥의 망령들은 그들을 지옥에 오게 만든 바로 그 특성으
로 묘사된다. 이를테면 프란체스카는 이승에서 파올로를 사랑
하였으니 지옥에서도 영원히 그를 사랑할 것이다. 그러나 이
연인들이 저주를 받은 것은 변하려 하지 않았기 때문인 즉, 다
시 말해, 지옥에서도 사랑을 그치지 않을 터이므로 구원을 받
을 여지도 영원히 없다. 단테는 파올로를 프란체스카 옆에 나
란히 두고, 두 사람이 제2옥에서 영원히 시달리는 벌을 받게
함으로써 이 사실을 은유적으로 표현하고 있다.

프란체스카의 이야기를 통해 단테가 지옥의 죄를 묘사
하는 근간이 무엇인지 더 잘 이해할 수 있을 것이다. 그는 어
떤 죄를 대표하는 인물을 선택하고는 그 죄를 범한 인물을 시
적으로 표현한다. 프란체스카를 이 옥의 대표 죄인으로 내세
운 것이나 그녀의 감정을 '육욕'이라고 표현하는 것은 그녀에
내한 좀 가혹한 평가일 수도 있다. 그러나 단테는 그의 주장을
펼치기 위해 프란체스카의 이야기를 선택했다. 즉, 제2옥의
죄는 자제력 부족의 죄, 의지박약의 죄, 양심의 불활동(不活動)
을 통해 구원의 은혜로부터 스스로 멀어진 죄라는 것이 단테
의 생각이다. 그렇지만 단테는 지옥을 여행하면서 여러 차례
그곳에 수용된 몇몇 망령들에게 동정심이나 연민을 가지고 대
한다.

　　이 곡은 단테의 등장인물로서의 두 가지 인격도 보여준다. 순례자 단테와 시인 단테이다. 순례자 단테는 벌받는 자들을 보고, 울며 괴로워한다. 그는 프란체스카의 파올로에 대한 사랑, 남편에 대한 배반, 그녀가 받는 벌에 대해 감정소모가 지나친 나머지 기절한다. 그러나 시인 단테는 그녀를 지옥에 집어넣고 있다.

제 6 곡

탐식자의 옥

기절했던 단테는 지옥의 제3옥, 탐식자의 옥에서 깨어난다. 더러운 냄새가 나는 진눈개비가 하늘에서 쏟아져 땅에 쌓이는데 땅바닥에는 벌거벗은 망령들이 수렁 속을 뒹굴며 으르렁거린다.

머리가 세 개 달린 괴물 케르베루스가 진눈개비 수렁에 파묻힌 이 망령들을 밟고 서 있다. 그 괴물은 사납게 짖어대며 자기 몸이 닿는 것은 뭐

든 물고 뜯는다. 그러면 망령들은 진눈개비 속에서 울부짖으며 이 괴물을 피하려 몸부림친다. 두 여행자를 보자 케르베루스가 마구 짖어댄다. 그러나 버질이 냄새나는 더러운 흙덩이를 집어 그 괴물의 세 주둥이에 던져주자 조용해진다.

두 시인은 수렁을 건너 길을 간다. 그들은 이따금 망령들을 디디고 지나가는데 이들은 몸뚱이가 없는 것 같은 느낌이 든다. 한 탐식자의 망령이 일어나 앉더니 단테에게 말을 건다. 돼지 치아코의 망령이다. 그는 자기가 피렌체 출신이며 단테를 안다고 말한다. 둘은 대화를 나누고 단테는 그의 운명에 슬픔을 느낀다.

단테는 동정을 표하며 치아코에게 피렌체의 장래 운명과 그 도시가 왜 그렇게 분열되었는지에 관해서 묻는다. 치아코는 앞으로 피렌체에 전쟁이 일어날 것이며 그 중 한 정파가 무너져 축출될 것이라고 예언한다. 치아코가 말을 마치자 단테는 몇몇 사람의 이름을 대며 이들 피렌체의 선량한 시민을 어디 가면 만날 수 있겠느냐고 묻는다. 치아코는 그 사람들은 더 질이 나쁜 죄를 지었기 때문에 더 아래의 옥에 있으며, 단테가 아래로 내려간다면 만날 수 있을 거라고 대답한다. 그러더니 치아코는 졸도하여 의식을 잃고 진눈개비 수렁에 처박힌다.

버질은 단테에게 치아코는 저렇게 수렁에 처박힌 상태로 최후의 심판 날까지 있을 거라고 말해 준다. 단테는 버질에게 최후의 심판에 관해서 묻는다. 버질은 이곳의 망령들은 결코 완성에는 이르지 못하지만, 최후의 심판이 있고 나면 그에 가까워질 수는 있으므로, 기쁨만이 아니라 고통도 그만큼 강렬해질 것이라고 대답한다.

그들은 계속 길을 걸으며 여러 가지 이야기를 나누지만 단테는 그 내용을 밝히지 않겠다고 말한다. 그들은 드디어 또 한 계단 아래로 내려가는 경계점에 이르고, 거기서 플루토스[*]를 발견한다.

케르베루스는 제3옥의 경비원이다. 신화에 나오는 대로 그는 세 개의 입에 뭔가 만족을 주지 않으면 길을 내주지 않는다(이 경우에는 제3옥에 있는 더러운 흙덩이). 한없는 굶주림의 화신인 케르베루스는 그런 의미에서 탐식자의 옥지기로 딱 들어맞는다. 탐식자들은 그들의 생애를 끊임없는 잔치판으로 만들어 먹고 마시는 것 외에는 한 일이 없었기 때문에 지금은 진창에 누워 돼지처럼 살아야 한다.

케르베루스는 호머나 버질 시대의 독자들에게는 친숙한 괴물이다. 그들의 작품을 보면 케르베루스는 세 입에 뭔가 맛있는 것을 넣어주지 않는 한 잠잠해지질 않는다. 그러나 버질은 탐식자들을 지키는 지옥의 케르베루스에게 어울리는 더러운 오물 세 덩이를 물려주어 조용하게 만든다.

단테가 설계한 지옥의 구조가 전개됨에 따라, 단테 일행은 상호적이고 나눔의 죄인 육욕의 옥에서부터 혼자 고립된 상태에서 범하는 죄의 옥인 세 번째 옥으로 내려가게 된다. 탐

---

[*] **플루토스**(Plutus): 재물의 신. 장님이다. 재물은 죄와 고통의 원인이므로 단테는 플루토스를 대원수라고 표현했다. 그리스 신화의 저승(하데스)의 신인 플루토(Pluto)와는 별개다.

식자란 식욕을 자제하지 않은 자로서, 의도적으로 그저 음식에 불과한 것을 일종의 신 내지는 숭배의 대상으로 삼는 자를 말한다. 그래서 탐식자에게는 정반대로 맛좋은 음식과 술 대신에 더러운 흙덩이를 먹는 형벌이 주어진다. 그리고 편안한 집의 식탁에 앉아 좋은 음식과 술과 분위기를 즐기는 것이 아니라 더러운 진눈개비를 맞으며 수렁에 누워 있어야 한다.

앞의 곡에서 잠시 언급한 것과는 별도로, 제6곡에서는 치아코의 입을 빌려 처음으로 단테의 정치적 주제가 구체적으로 나타난다. 여기서 목소리는 치아코의 것이지만 내용은 단테의 것이다. 특히 「지옥편」에서는 정치적 예언이 여러 번 나오는데 여기 치아코의 예언이 그 첫 번째다. 단테의 지옥에서 천국까지의 상상 여행은 그 시기가 서기 1300년이므로, 단테가 예언이라고 하여 삽입한 사건들은 대부분 집필 당시에는 이미 과거사가 되어 있는 것들이다.[*]

여기서 독자들이 한 가지 유의할 점은 지옥의 상층부에 갇힌 자들은 자기들이 지구의 살아 있는 자들에게 알려지기를 바라는 반면, 하층부에 수용된 자들은 단테에게 자기 이름을 말하는 것조차 꺼린다는 사실이다.

---

[*] 단테는 1265년에 태어났으므로 그가 여행을 떠난 35세인 해는 서기 1300년이다. 그리고 단테는 〈신곡〉을 1307년에 착수해서 1321년에 완성했다.

제 7 곡

수전노와 낭비자가 싸우는 제4옥

단테와 버질은 제4옥에 들어서지만 노한 플루토스의 제지를 받는다. 그러자 버질은 앞서 그랬듯이 플루토스를 꾸짖는다. 플루토스가 땅에 쓰러지자 두 시인이 통과한다.

단테가 흘낏 보니, 제4옥은 수전노와 낭비자들의 옥이다. 그들의 벌은 무거운 돌을 굴리며 원형 트랙을 서로 반대방향으로 달리다가 맞부딪히면, 낭비자들은 "너희는 왜 인색하냐?"고 외치고 수전노들은 "너희들은 왜 낭비하냐?"고 외치며 싸우다가, 각자 되돌아서서 무거운 돌 굴리기를 계속하다가 다시 맞부딪혀 싸우기를 반복한다.

버질이 제4옥의 망령들 이야기를 하던 중 포춘 여신에 관해 언급하자,

단테가 자세한 설명을 요청한다. 버질은, 포춘은 운명(또는 행운)의 여신인데, 하느님이 세상의 부의 수호자 또는 감시자로 지명했다고 설명한다. 포춘은 운명의 수레바퀴를 돌려서 그녀의 결정을 인간에게 던져준다. 그 결과, 어떤 개인이나 나라는 상대적으로 큰 몫을 갖고, 다른 개인이나 나라는 적은 몫을 갖도록 운명이 정해진다. 그러나 그때그때의 몫이 항상 변동한다. 모든 신들이 각자의 분야에서 그러하듯이, 포춘 여신도 자신의 영역에 대하여 자신의 법칙을 만들고 적용한다. 아무도 그녀의 심중을 읽지 못하며 누가 뭐라 하건 그녀는 아랑곳하지 않고 자기 판단대로 한다.

버질은 시간이 너무 빨리 흘러 이제 다음 옥으로 내려갈 때가 되었다고 단테의 주의를 환기시킨다. 그들은 강둑을 건너자 이상한 검은 물이 흐르는 샘을 발견한다. 이 샘물은 시내를 이루어 바위 틈을 흘러 내려가고 있다. 이 시내를 따라 바위 밑까지 가니 스틱스라고 불리는 늪지가 나타난다.

스틱스에서 단테는 그 늪지 진흙 속에 사람들이 파묻혀, 손, 발, 머리를 다 동원하여 서로 물고 뜯고 때리는 광경을 본다. 버질은 저들이 분노로 파멸한 자들의 망령이며, 늪의 물 밑에는 더 많은 망령들이 잠겨 있으면서 뭐라고 소리를 질러 공기방울을 만들어 수면 위로 올리고 있다고 설명한다. 완전하지는 않지만, 버질이 그 망령들이 지르는 소리를 통역해준다. 그 망령들은 자기들이 이승에서 밝은 햇빛 속에서 행복하게 살았어야 했는데 삐진 상태로 살았기 때문에 지옥에 와서도 그 음침함이 영원히 계속되고 있다고 말한다. 두 시인이 이 더러운 늪지를 한 바퀴 돌고 나니, 그들 앞에 이름 없는 거대한 탑이 나타난다.

　　신화상으로는 부와 풍요의 신 플루토스가 수전노와 낭비자의 옥을 지킨다. 플루토스의 언어는 번역이 불가능하다. 어떤 이들은 그의 말은 말이 아니라 사탄에게 비는 주문 같은 것이라고 한다. 지옥의 각 옥을 지키는 괴물들은 하나같이 시인들을 저지하려 하지만, 그때마다 버질이 나서서 신성한 명령을 선포해 단테가 순례를 계속할 수 있도록 길을 튼다.

　　주제탐색　단테의 주제에 맞춰, 이 옥의 죄인들도 다른 옥의 죄인들과 마찬가지로 자신의 죄에 합당하는 영원한 벌을 받으며 살고 있다. 수전노와 낭비자들은 함께 지내며 끊임없이 싸우지만 이승에서 그랬듯이 어느 쪽도 이기지는 못한다. 분노자들에 대한 응보 역시 어김없다. 분노자들은 자신의 분노와 타인들의 분노에 시달리며 영겁의 세월을 보내야 한다. 그리고 삐진 자들 또한 생전에 그랬듯이 외롭고 우울한 가운데 영원히 살고 있다.

　　독자들은 즉각 의문을 느낀다. 단테는 왜 수전노와 낭비자들을 탐식자들보다 아래 칸 지옥에 배치했을까? 다시 말해, 인색함이나 낭비가 어째서 탐욕보다 더 죄질이 나쁘다는 걸까? 탐식자들은 세상의 자연 산물을 잘못 사용했다. 그런데 단테가 볼 때 그것은 인공으로 만든 산물(즉, 돈이나 재물)을 잘못 사용한―너무 아끼거나 존중하지 않은―수전노나 낭비자만큼은 악하지 않은 것이다. 그러나 그런 구별은 결정적으로 중요한 것이 아니다. 시적으로 큰 의미를 갖는 것은 이 두 종류의 사람들이 반대되는 입장에서 살았고, 그래서 사후세계인 지옥에서 받는 벌이 상호 적대적이라는 점이다.

버질의 포춘 여신에 관한 설명을 보면 왜 이곳의 죄인들이 탐식자들보다 아래 옥에 갇혀 있는지 설명이 나온다. 포춘은 하느님이 선택한 사제 가운데 하나로 행운과 불운을 정해진 방식에 따라 분배하는 여신이다. 그런데 수전노와 낭비자들은 자기들이 포춘을 능가할 수 있다고 믿고 그런 행동을 한 셈이다. 다시 말해, 자기들이 하느님을 이길 수 있다고 믿었으니 더 나쁜 죄인이 아니냐는 것이다.

문학적 장치 단테는 신화의 인물이나 사물을 빌려다 시를 쓰지만, 거의 모두 자기 식으로 변형해서 사용한다. 여기서는 스틱스가 늪지로 되어 있지만, 원래 신화에서는 증오의 강으로서 저승 하데스에 있는 다섯 개 강 가운데 하나이며 그 뱃사공은 카론이다. 그런데도 단테는 천연덕스럽게 스틱스 강을 다르게 묘사하고 있다.

「지옥편」에서 스틱스는 두 가지 목적으로 사용된다. 하나는 위쪽의 옥들과 아래쪽의 옥들을 구분하는 경계 역할이고, 다른 하나는 그 자체가 분노자들의 수용소다. 분노자들은 일생을 증오에 휩싸여 살았으므로, 증오의 강에 사는 게 당연하다. 이들 분노자들은 세 가지 범주로 분류된다. 그 세 가지란,

적극적으로 분노를 표출하는 자, 삐진 자(분노를 속에 감추고 있는 자들), 그리고 복수의 칼날을 가는 앙심자들이다.

첫째는 폭력적인 증오를 드러내는 자다. 그런 자들에 대한 벌은 온갖 방법으로 서로 때리고 싸우는 것이다. 둘째는 느린 증오, 마음속에 미움을 쟁여둔 자다. 이런 자들은 자신의 증오에 질식해 스틱스의 더러운 늪 속에서 웅얼거리는 소리나 낼 수밖에 없다. 자신의 심술에 숨이 막혀 스스로를 표현할 수가 없기 때문이다. 셋째, 앙심자는 서로를 공격한다.

단테의 성격이 이 옥에서부터 변하기 시작한다. 그리고 여기까지가 자제력이 부족하거나 자제력을 잃은 죄인들을 수용하는 소위 지옥의 제1구역이라고 할 수 있다. 이제부터는 제2구역, 즉 폭력의 죄를 범한 자들의 구역으로 바뀌면서 그 첫 번째인 제5옥이 시작된다. 단테는 제4, 5옥에서부터는 이전처럼 당황하는 일이 줄어든다. 점점 죄를 끔찍하게 여기기 시작하면서 죄인들에 대한 동정심도 옅어진다. 지옥의 위쪽에는 타인을 해쳤을 가망성이 별로 없는 죄인들이 있고, 아래로 내려갈수록 점점 타인에게 해악을 가한 큰 죄를 지은 자들이 배치되어 있다. 이것이 바로 단테 식 지옥 구조다.

제 8 곡

 **마귀의 도시 디스 앞에서**

두 시인이 그 거대한 탑으로 다가가자 그 꼭대기에서 두 개의 불꽃이 피어오른다. 그리고 곧이어, 스틱스 늪지의 반대편에서 응답하듯 불길이 올라간다. 그런 신호가 오가자, 뱃사공 플레기아스*가 배를 가지고 도착한다. 그는 저주받은 망령들을 하나라도 더 지옥으로 실어가려고 열심이다. 플레기아스는 시인들을 발견하더니 화를 내기 시작한다. 하지만 버질이 꾸짖어 조용히 만든 다음, 배에 오른다.

배가 늪지를 건너가는 도중 한 망령이 수렁 속에서 몸을 일으켜 단테에게 말을 건다. 그 분노자 망령은 단테가 피렌체에 살 때의 적수 필리포 아르젠티이다. 둘은 대화를 나눈다. 단테는 아르젠티가 지금보다 더한 벌을 받았으면 한다고 하자 버질이 단테를 칭찬하며 바라는 대로 될 것이라고 말한다. 얼마 후, 다른 망령들이 아르젠티에게 달려들어 그를 갈기갈기 찢는다.

배가 물가에 닿자, 단테의 눈에 지옥의 불길이 타오르는 디스 성이 들어온다. 플레기아스가 시인들을 내려주자마자, 한 떼의 망령들이 단테에게 왜 그들의 영역에 왔느냐며 들어가지 못하게 한다. 그리고 버질에게는 들어와도 좋지만 일단 발을 디디면 원래의 옥(림보)으로 되돌아갈 수

---

* **플레기아스**(Phlegyas)：화가 나서 아폴로 신전에 불을 질렀다는 보에아티아의 왕. 신성을 모르는 분노, 복수심을 상징하는 인물.

없다고 말한다. 단테는 다시 세상으로 돌아갈 수 없을까봐 잔뜩 겁을 먹고 울면서 버질에게 이 난국을 타개해 보라고 간청한다. 버질은 혼자 성문으로 가서 직접 문을 열어보려고 하지만 소용이 없자 그냥 돌아온다. 그는 그 문을 열어주러 위대한 분이 오시는 중이니 걱정 말라며 단테를 안심시킨다.

문체 탐색 제8곡은 구성이 약하고, 사건이 너무 많다. 봉화가 올라가고, 배가 나타나고, 버질이 뱃사공과 다투고, 단테가 필리포 아르젠티와 신랄한 대화를 나누고… 등등. 왜 아르젠티가 분노자들의 대표로 뽑혔는지 그 이유는 알 수가 없다. 하지만 분명한 것은 그가 단테의 맞수이며, 아르젠티 스스로 밝혔듯이 그 시대의 모든 분노, 증오, 그리고 사랑의 낙인이 찍힌 인물이란 사실이다. 제8곡 이전까지는 한 곡(曲)당 하나의 옥(獄)을 설명하는 식이었지만 제8곡부터는 한 곡에 두 개의 옥이 겹치기도 하고, 하나의 옥이 여러 곡에 걸쳐 등장하기도 한다.

주제 탐색 이 곡에서는 정치적인 주제가 등장한다. 사실 이 곡에서 중요한 부분은 단테와 필리포 아르젠티가 벌이는 언쟁이다. 아르젠티 가문은 단테의 피렌체 귀환을 반대했으므로 단테의 숙적이다.

인물 탐색 또한 제8곡에서 비로소 단테의 성격이 구체적으로 바뀐다. 아르젠티가 이미 받아온 형벌 이상의 벌을 받았으면 하고 바란다는 대목이 그것을 말해 준다. 단테는 머리끝까지 화가 나 아르젠티에게 악담을 퍼붓는데, 그것은 늪지에 빠진 분노자들과 다름없는 언행이다. 그런데도 버질은 이런 행동을 높이 평가한다. 이제 단테는 더 이상 죄인들에게 동정심을 느끼지 않으며, 점점 죄의 본질을 깨닫고 죄에 대해 의로운 분노를 나타내기 시작한다.

단테와 버질은 지옥의 수도인 디스를 향해 다가간다. 그곳에는 폭력의 죄를 범한 자들과 이단의 죄를 범한 자들이 수용되어 있다. 신화에서 말하는 지하세계의 왕을 보통 플루토라고 하지만, 때로는 디스라고도 부른다. 그래서 이 도시 이름이 디스이다.

문학적 장치 디스의 문에 이르자, 저주받은 망령들이 단테의 출현에 분노한다. 그들은 버질은 들여보내려 하지만, 단테는 거부한다. 버질은 단테를 통과시키도록 망령들을 설득해 보지만 실패한다. 이 부분은 우화적으로 인간의 지혜와 이성조차도 모든 장애물을 극복하지는 못하며, 인간적인 힘을 초월한 어떤 강력한 힘, 즉 신의 개입이 있어야 일이 이루어진다는 것을 나타낸다.

제 9 곡

천사의 도움을 받다

　제9곡의 시작에서 단테는 디스 시의 문 밖에서 문이 열리기를 기다리며 두려움에 빠진다. 두 시인은 잠시 대화를 나눈다. 버질은 단테에게 여자마술사 에리크토가 지옥의 가장 낮은 옥에서 한 망령을 불러올린 이야기를 들려준다. 또한 그는 아무도 그들의 여행을 막을 수 없으니, 단테 너는 그저 이 자리에서 기다리기만 하면 된다. 나는 절대로 너를 내버려두지 않을 거다, 라며 단테를 재차 안심시킨다.

　그러나 타락한 천사들이 달려와 도시의 성문을 세차게 닫는 바람에 두 시인의 대화가 중단된다. 타락한 천사들이 빗장을 걸어버리자 한숨을 쉬며 단테에게 돌아온 버질은 곧 하늘에서 천사가 내려와 문을 열어주실 것이라고 말한다.

　짙은 안개 때문에 앞이 보이지 않자, 버질은 천사가 내려오는 소리를 듣기 위해 골똘히 귀를 기울인다. 그는 자기들 힘으로 문을 열고 들어가지 못하는 것을 아쉬워한다. 천사는 좀 늦어지는 모양이지만, 이미 도움을 주기로 약속이 되어 있다. 단테는 불안한 나머지 혹시 위의 옥에서 아래 옥으로 내려가 본 사람이 있느냐고 버질을 떠본다. 버질은 자기가 지옥의 밑창 유다의 옥까지 망령을 부르러 내려갔던 경험이 있으므로 길을 잘 안다며 또다시 안심시킨다.

이때 복수의 여신[*] 세 자매가 갑자기 모습을 드러내더니 메두사를 불러 단테를 돌로 만들어야겠다고 말한다. 버질은 얼른 단테의 눈을 가리며, 그 괴물 자매들을 쳐다보지 말라고 주의를 준다.

폭풍우 같은 시끄러운 소리가 들려 시인들이 스틱스 쪽을 쳐다보니, 누군가가 늪지에 발을 대지 않고 그 위를 걸어오고 있다. 망령들이 그를 피해 달아난다. 그가 왼손을 흔드니 늪을 뒤덮었던 안개가 사라진다.

단테는 그가 천상에서 보낸 천사임을 알아차린다. 버질은 조용히 하라면서 허리 굽혀 절한다. 노한 표정의 천사가 디스 성문 앞에 이르러 지팡이를 드니 문이 절로 열린다. 천사는 하늘이 하고자 하는 바를 방해하려 드는 타락한 천사들의 오만 방자함을 한바탕 꾸짖고는 케르베루스가 위 세상에 끌려갈 때 하늘의 뜻을 거스르려다가 당한 상처를 교훈삼아 상기시킨다.

시인들이 디스의 성문 안으로 들어선다. 제6옥이다. 단테는 그곳 거주자들이 몹시 궁금하다. 단테의 눈앞에 음울한 시골 풍경이 나타난다. 자세히 살펴보니 넓은 평원에 무덤들이 울퉁불퉁 서 있는 어마어마하게 큰 묘지다. 무덤마다 봉분 바깥을 빙 둘러 불길이 활활 타오르고, 봉분 속에서 신음과 고통의 비명 소리가 새어나온다. 단테는 버질에게 그 무덤 속에 어떤 죄인이 있느냐고 묻고, 이교도의 우두머리들과 그 추종자들이라는 대답을 듣는다. 시인들은 무덤을 지나 오른편으로 돌아간다.

---

[*]　**복수의 화신들**(Furies)：그리스 · 로마신화에 나오는 에리뉘에스(Erinyes) 세 자매. 보복의 여신 네메시스(Nemesis)와는 다른 신.

　　제9곡에서 단테는 그의 습관적인 스타일과 소재를 다루는 방식으로 돌아간다. 극적인 충격을 주는 짧은 대목이 나온다. 두려움을 모르는 안내자이건만, 버질이 얼굴이 창백해져서 허탈하게 혼잣말을 지껄인다. 그러나 그가 외는 주문(呪文)이나 이성적인 설득은 의지를 가지고 예수에 대항하는 자에게는 아무 효력을 나타내지 못한다. 그래서 버질은 할 수 없이 약속한 도움을 달라고 하늘에 대고 호소한다. 이 대목은 신의 도움 없이 인간의 이성만으로는 구원을 얻을 수 없음을 다시 한 번 우화적으로 상기시킨다.

　　단테 역시 두렵다. 버질의 감정변화에 민감한 단테는 우회적인 방법으로 자기들이 지옥을 벗어나게 될 수 있겠느냐고 묻는다. 버질은 지옥의 가장 어두운 층까지 다녀온 바 있다며 안심시킨다. 여기서 단테는 버질의 안내자로서의 능력을 시험해 본 것인데, 버질은 이내 그 능력을 입증한다.

제 10 곡

 ## 쾌락주의자 파리나타와 카발칸테를 만나다

시인들은 으슥한 오솔길을 내려가 제6옥에 이른다. 그곳은 이단자들을 수용하는 옥이다. 단테는 버질에게 이 옥에 갇힌 망령과 이야기를 나눠보고 싶다고 말한다. 버질은 그 소원뿐만 아니라 단테가 그에게 말하지 않고 있는 소원까지도 모두 이루어질 것이라고 대답한다. 단테는 숨기고 있는 소원 따위는 없다고 대답한다.

무덤에서 한 망령이 단테의 토스카나 지방 사투리를 알아듣고 벌떡 일어선다. 단테가 깜짝 놀라며 두려워하자, 버질은 그 망령과 이야기를 나눠보라고 한다. 단테가 무덤가로 다가가보니, 그의 정적이었던 파리나타*이다. 둘은 적대관계였지만 존중하는 말투로 대화를 나눈다. 도중에 다른 무덤에서 나온 망령이 단테를 알아보고 대화에 끼어든다. 이 망령은 왜 자기 아들이 함께 오지 않았느냐고 단테에게 묻는다. 단테는 당신 아들은 나의 안내자를 경멸했기 때문에 따라오지 않았다고 대답한다. 단테가 경멸'했기'라고 과거로 말하자, 그 망령은 그럼 아들이 죽었단 말이냐고 묻는다. 단테가 머뭇거리자 그 망령은 아들이 죽은 것으로 생각했는지 말없이 불타는 무덤 속으로 사라진다.

여전히 자기 무덤에 꼿꼿이 서 있는 파리나타는 딴 망령이 끼어든 것에 아랑곳하지 않고 연설을 계속한다. 그는, "지옥에 군림하는 여신의 얼

---

* **파리나타**(Farinata): 기벨린 당의 당수였던 인물.

굴에 / 달빛이 50번 비치기 이전에 / 너 단테도 그런 술수*에 어떤 슬픔이 따르는지 알게 될 것"이라고 예언한다. 두 사람은 겔프 당이 백파와 흑파로 분열된 이유에 관해 토론한다. 토론을 마치고 단테는 파리나타에게 어떻게 망령들이 미래를 예언할 수가 있느냐고 묻는다. 파리나타는 지옥이 너무 어두워서 현재는 전혀 볼 수 없지만, 현재로부터 멀리 떨어진 과거나 미래는 잘 보인다고 대답한다. 그리고는 망령들이 과거와 미래를 보는 능력을 갖는 것은 모든 자의 왕(하느님)이 망령들에게 베푼 빛 덕분이라고 덧붙인다.

단테는 나타났다 곧 사라진 망령에게 그의 아들이 아직 죽지 않았다고 말해 주지 못한 것이 유감이라며 파리나타에게 그 소식을 전해 달라고 부탁한다. 파리나타의 예언에 울적해진 단테가 버질에게로 돌아온다. 버질은 사랑스러운 여인(베아트리체)이 단테가 당면하게 될 상황에 관해 나중에 더 분명하게 얘기해 줄 것이라고 말한다. 두 시인은 왼쪽으로 돌아서 불타는 벽을 지나 디스 시 속으로 깊이 들어간다.

: 풀어보기

제6옥은 육체는 영혼 같은 것을 담고 있지 않다고 믿는 이단자들을 수용하는 곳이다. 이들 중 다수가 쾌락주의자들, 즉 에피쿠로스를 추종하는 자들이다. 에피쿠로스는 그리스 철학자인데, 행복 추구가 그의 철학이다. 그는 행복이란 고통이

---

* **술수**(art): 정치공작을 말함. 역자 주.

없는 상태라고 정의한다.

파리나타는 카발칸테와 함께 이단자 수용소인 제6옥에 갇혀 있다. 두 사람이 쾌락주의자이기 때문이다. 단테가 살던 사회에서는 교황제 체제의 판단을 따르지 않고 자기 자신의 의견을 쫓는 자는 모두가 이단이었다. 그런데 카발칸테와 파리나타는 에피쿠로스 추종자였다. 에피쿠로스는 영혼 같은 것은 없으며, 몸이 죽으면 모든 것이 없어진다고 믿었다. 에피쿠로스학파, 즉 쾌락주의자들은 지상에서 인간이 갖는 최고의 목표는 삶의 즐거움이라고 생각한다. 단테는 파리나타와 카발칸테가 쾌락주의자라는 사실을 알고 있었으므로, 그들이 이곳에 와 있는 것을 당연하게 여긴다.

단테의 응보 개념에 따르면, 이단자들에 대한 형벌은 불타는 무덤 속에서 대기하다가, 최후의 심판일에 그 무덤이 폐쇄되면 영혼은 육신 속에 영원히 밀봉되어 지내야 하는 벌이다.

단테는 「지옥편」에서 예언을 문학적 도구로 일관되게 쓰고 있다. 파리나타가 단테에게 하는 예언, "지옥에 군림하는 여신의 얼굴에 / 달빛이 50번 비치기 이전에 / 너 단테도 그런 술수에 어떤 슬픔이 따르는지 알게 될 것"이라는 말은 너나 너의 정파도 정치적 술수에 의한 패배의 쓴맛을 체험하게 될 것이라는 뜻이다.

파리나타와의 대화중에 끼어든 망령은 역시 피렌체 시

민이고 쾌락주의자인 카발칸테이다. 그는 단테의 동시대 시인이자 친구인 귀도의 아버지다. 단테가 "당신의 귀도는 경멸감을 느꼈소"라고 말한 것은 몇 가지 의미를 가진다. 이 표현은, 당시로서는 현대 시인인 귀도가 버질을 포함한 고전 시인들을 경멸했다는 말이고, 결국 버질의 덕성을 경멸했다는 의미다.

여기서 주목할 점은 파리나타와 카발칸테가 서로 알아보지도 않고 상대방에게 신경 쓰지 않는 점이다. 지옥의 망령들은 동지의식이나 동정심 때문에 한 곳에 모여 있는 것이 아니다. 서로 돕고 교류하기 위한 것도 역시 아니다. 오직 서로에게 더욱 고통을 주기 위해 모여 있는 것이다. 제33옥의 우골리노와 루지에리처럼 서로 맞붙어 있는 자체가 이들에게는 위안이 아니라 고통이다.

역사적으로, 파리나타는 단테 이전 세대의 세력가였다. 그는 반대당인 기벨린 당 소속이었고, 단테의 집안은 겔프 당 소속이었다. 단테가 이 곡에서 암시하고 있는 대로, 파리나타는 두 차례나 기벨린 당을 주도하여 겔프 당과 싸워 이긴 바 있다. 그러므로 파리나타와 단테는 불구대천의 원수지간이어야 한다. 그러나 단테는 결코 그를 증오하지 않는다. 오히려 굉장히 존경한다. (인간은 자기와 반대되는 적일지라도 존경할 수 있다.)

파리나타의 관심은 전사(戰士)로서의 그것이다. 그 밖의 감정은 그에게는 의미가 없다. 그는 시민이다. 그는 그들

조국의 이름으로 단테에게 부탁한다. 또한 그는 당파심이 강한 사람이어서, 먼저 단테에게 자기 조상에 관해 묻는다. 그리고 자기는 불패의 전사여서, 적을 두 차례 쫓아버렸다고 말한다. 파리나타의 가장 큰 영광은 피렌체에 대한 애국심이다. 그의 애국심은 모든 증오를 견뎌냈고 그가 사랑하는 도시를 구해냈다. 이 곡에서는 카발칸테의 부성애와 파리나타의 영웅적인 애국심이 교차하는 시의 전개가 효과를 발한다.

단테는 파리나타를 권력자이고 성격이 뚜렷하고 힘이 센 자로서만 아니라 대단히 자존심 강한 인물로 묘사하고 있다. 단테는 파리나타가 허리 위의 상반신만 보이되 꼿꼿이 서 있는 모습으로 그렸는데, 이는 마치 상반신이 그의 전부인 듯한 느낌을 준다. 이런 자세는 지옥 전체에서 파리나타 홀로 우뚝 선 느낌을 주어 강하고 장엄한 이미지를 만들어낸다.

제 11 곡

지옥의 더 아래로

시인들이 더 내려가니 부서진 표석들이 쌓여 있다. 그들은 그 돌무더기 뒤에 기대앉아 잠시 쉬면서 그 아래 지옥에서 올라오는 더러운 냄새에 적응한다. 단테의 눈에 묘비가 하나가 보인다. 거기에는 "나는 한때 교황이었던 아나스타시우스를 지킨다. 포티누스를 곧은길에서 벗어나게 한 사람"이라고 새겨져 있다.

한동안 쉬면서 버질은 지옥, 특히 아래층 지옥들의 구조를 설명하기 시작한다. 제6옥의 담을 넘어 내려가면 옥이 세 개가 더 있고, 이 옥들은 각기 여러 개의 소옥(小獄)으로 세분되어 있다고 한다.

바로 다음 옥인 제7옥은 3개의 소옥으로 이루어져 있다. 하나는 타인과 그의 재산에 폭력을 행사한 죄인들을, 또 하나는 자기 자신과 자신의 재산에 폭력을 행사한 죄인들을, 그리고 마지막은 신과 자연과 생산기술에 폭력을 행사한 죄인들을 수용한다. 버질은 누가 무슨 죄로 어느 곳에 수용되어 있는지 자세히 설명하고, 하느님은 다른 무엇보다도 악의(惡意)를 증오하시기 때문에 반역자들을 가장 밑바닥인 제9옥에 가두었다고 말한다.

날이 어두워지므로 다음 옥으로 내려갈 시간이다.

주제 탐색 단테는 종교적인 주제를 전개하기 위해 지옥의 정복을 다시 한 번 언급한다. 두 시인이 앉아 쉬던 돌무더기는 예수가 죽던 날 지옥에 오셔서 저명한 이교도 여러 명을 구원해 가실 때 일어난 지진으로 굴러 떨어진 바위들이다. 또 단테는 훗날 예수의 신적 부성(神的 父性)을 부인한 그리스 정교회의 부제(副祭) 포티누스에게 영성체를 준 교황 아나스타시우스의 묘비를 본다. 그렇지만 포티누스로 하여금 이단을 인정하도록 설득한 자는 사실은 교황이 아니라 황제 아나스타시우스*였으므로, 아마 단테가 역사를 혼동한 것 같다.

문학적 장치 지옥의 지리는 「지옥편」의 가장 두드러진 특징 가운데 하나로서, 빈틈없이 구성되어 있다. 버질은 바위 뒤에서 기다리는 사이 그들이 걸어온 길이 어디로 이르는지를 설명한다. 이런 휴식 시간은 단테가 지옥의 구조를 간략히 설명하기 위한 문학적 장치다.

다음 옥은 제7옥이고, 세 개의 소옥으로 되어 있다. 이곳은 폭력범, 상징적으로 사자(lion)의 죄를 범한 자들을 수용한다.

첫 소옥은 이웃에 폭력을 행사한 자들, 살인자들, 전쟁

---

* 아나스타시우스 2세는 로마 교황이었고, 아나스타시우스 1세는 비잔틴 제국의 황제였다.

을 일으킨 자들을 가둔 곳이다. 여기서 단테는 타인의 생명이나 재산에 폭력을 행사한 자를 차별 없이 동일한 벌을 주는 것으로 묘사한다. 따라서 방화범, 약탈범, 공갈범 따위도 모두 이곳에 수용되어 있다.

제7옥의 두 번째 소옥에는 자신과 자기 재산에 폭력을 행사한 자들, 즉 자살자들과 재산 탕진자들이 갇혀 있다.

마지막 세 번째 소옥에는 신과 기술과 자연에 대해 폭력을 휘두른 자들이 갇혀 있다. 여기에는 신성모독자들, 성도착자들, 고리대금업자들 따위가 갇혀 있다. 단테는 고리대금업자를 심하게 경멸한다. 그는 이자 부과행위 자체를 커다란 죄악으로 믿었다. 여기서 기술이란 용어는 '근면'을 뜻한다. 단테는 인간이 풍요를 누리는 유일한 수단은 근면뿐이라고 생각했다. 그리고 이 원리에 어긋나는 행위는 신에게 대항하는 것으로 간주했다. 버질은 기술은 신의 손자라고 말한다. 다시 말해, 기술은 자연의 자식이고, 자연을 거스르는 행위는 곧 자연의 아버지인 신을 거스르는 짓이라는 것이다.

제 12 곡

피가 끓고 있는 강

두 시인은 제7옥의 첫 번째 소옥으로 들어간다. 그들은 부서진 돌이 깔린 가파른 길을 가다가 미노타우르를 만난다. 버질이 그 괴물을 조롱해 화가 나서 날뛰게 만들고, 그 틈을 이용해 두 사람은 무사히 관문을 통과한다.

단테가 버질의 지시에 따라 눈을 돌려 골짜기를 내려다보니, 끓고 있는 핏물 속에 망령들이 들어 있다. 이때 한 떼의 켄타우르가 두 사람을 향해 달려온다. 버질은 이 켄타우르들을 하나씩 이름을 부르며 이력을 설명한다. 켄타우르 중 하나인 케이론이 활로 턱수염을 젖히며, 단테에게 '네

가 걸어올 때 돌덩이들이 움직이는 걸 보니 너는 망령이 아니라 살아 있는 인간이 아니냐'며 호통친다. 버질은 케이론에게 두 시인의 여행에 관해 설명한 후, 켄타우르 가운데 하나가 단테를 업고 수심이 얕은 쪽으로 강을 건너달라고 요구한다. 케이론은 네수스를 지명한다. 네수스는 피의 강을 건너며 그곳에서 끓고 있는 망령들은 학살과 약탈을 자행했던 왕들이라고 가르쳐준다. 단테는 버질이 직접 안내해 주기를 청하지만 지금은 네수스가 안내할 것이라며 거절한다. 네수스는 강 속 여기저기에 빠져 있는 망령들의 이름을 계속해서 일려준다. 그리고 강의 지형이 건너편 가장자리로 갈수록 점점 더 깊어지는데, 그곳에서 벌을 받는 자들이 누구누구인지 알려준다. 네수스는 일행을 반대편 강둑에 내려놓고는 온 길로 되돌아간다.

제7옥의 1소옥은 타인에게 폭력을 저지른 자들을 수용한다. 이곳에서 단테의 사법정의는, 그들이 생전에 피로 적신 삶을 살았듯이 끓는 핏물 속에 영원히 잠겨 있는 형벌로 실현된다. 이 끓는 피의 강을 플레게톤 강이라고 부르는데, 망령들은 죄질이 나쁠수록 수심이 깊은 곳에 배치된다. 만일 강에서 달아나려고 하면, 이곳 감시자인 켄타우르들 가운데 누군가가 화살을 쏘아 그 죄인의 죄질에 합당하는 깊이로 되돌아가게 만든다.

미노타우르는 그 흉포하고도 폭력적인 성격으로 볼 때,

제7옥의 경비원으로서 제격이다. 미노타우르나 켄타우르, 두 괴물은 신화에서의 성격이 제7옥에 적합하기 때문에 단테는 신화상의 특징을 달리 왜곡할 필요가 없었다.

문체 탐색 다른 옥에서와는 달리, 제7옥에서는 단테가 특정 망령을 택해 이야기를 나누거나 사연을 듣거나 하지 않는다. 단지 벌을 받고 있는 죄인들의 이름만 거명하고 지나간다

주제 탐색 그렇게 이름을 부르는 사이, 우리는 단테가 어떤 사람을 가장 폭력적인 인물로 평가했는지 알 수 있다. 그런 인물들 중에는 기벨린 당 소속의 정적 두 명이 포함되어 있다. 단테는 여기서 또 신화를 빌려 정견을 밝힌다. 사실, 기벨린 당의 지도자치고 단테의 단죄를 받지 않은 자가 없다.

제 13 곡

망령나무

버질과 단테는 길이 없는 숲 속으로 접어든다. 이곳은 나뭇 잎이 검고, 가지가 기형이어서 보기 흉하며, 열매커녕 독을 뿜는, 음침하고 이상한 숲이다. 이 숲에는 옹이진 나무의 가지를 먹고 사는 하르피아*라는 괴물이 둥지를 틀고 있다.

버질은 이곳이 제7옥의 2소옥이라고 가르쳐주면서 이곳에서 일어나는 일들은 설명을 해줘도 도저히 믿을 수가 없을 것이라고 말한다. 어디선가 비명소리가 들려온다. 단테는 그것이 어디서 나는지 알 수가 없고, 정신이 혼란스러워 걸음을 멈춘다. 그는 비명을 지르는 망령들이 숲 속에 숨어 있을 것으로 짐작하고, 버질이 자기의 그런 추측을 알고 있으리라 생각한다. 버질은 나뭇가지 하나를 꺾어보면 네 짐작이 틀렸음을 알게 될 것이라고 말한다.

그 말을 듣고 단테가 커다란 가시나무의 조그만 가지를 하나 꺾자, "왜 나를 부러뜨리고 찢느냐?"는 외침이 들려오고 나무에서 피가 흐른다. 그 목소리는 단테에게 너는 한 줌의 동정심도 없느냐고 힐난하면서 이 숲의 모든 나무들은 한때 사람이었으니 동정을 베풀라고 말한다. 단테가 질겁해서 나뭇가지를 떨어뜨리자 버질이 그 망령나무에게 말한다. 망령을

---

* **하르피아**(Harpia, Harpy): 얼굴과 상반신은 추녀로, 날개·꼬리·발톱은 새처럼 생긴 그리스 신화의 괴물.

손상시켜 미안하지만, 자기가 쓴 시를 단테가 믿지 않았기 때문에 사실을 확인시켜주기 위해 가지를 꺾어보라고 한 것이니 양해하라고.

버질은 망령을 훼손한 데 대한 보상으로, 단테에게 이력을 말해 주면 이승에 돌아가 그 망령의 말을 전해 줄 것이라고 한다. 감동한 망령은 자신의 전생을 이야기한다.

피에르 델레 비녜라는 프리드리히 2세[*]의 신하였던 그 망령은 신실하고 정직하게 충성을 다했지만 궁정 간신배들(그들은 그를 뇌물로 회유할 수가 없었다.)의 시기로 왕의 미움을 사게 되었다. 그는 불신당한 억울함을 참을 수 없어 자살하고 말았다. 그가 맹세하기를 자기는 결백하고 끝까지 충성을 다했으니, 이승에 돌아가거든 이 진실을 전해 달라고 부탁한다.

버질은 단테에게 더 물어볼 것이 있으면 물어보라고 한다. 단테는 너무나 불쌍해서 묻지 못하겠으니, 알아서 대신 물어봐달라고 버질에게 부탁한다. 그는 망령들이 어떻게 해서 이 옹이진 나무 속에 갇히게 되는 것인지, 그리고 혹시 이렇게 갇혔던 망령 가운데 자유를 되찾은 자가 하나라도 있는지 묻는다.

망령은 인간이 자살해서 혼이 육체를 떠나게 되면 그 혼은 미노스에 의해 제7옥으로 보내져 그곳 땅바닥에 떨어지고 싹이 터 한 그루 나무로 자란다고 대답한다. 그러면 하르피아들이 그 잎사귀를 뜯어먹는데, 그때 고통이 극심하다고 한다. 이곳 망령들은 최후의 심판일에 소집되어 스스로가 내버렸던 육신을 되찾기는 하겠지만, 그 육신은 망령을 되찾아 담을 수가 없고, 망령나무 가지에 영원히 걸려 있게 될 것이라고 말한다.

---

[*] **프리드리히 2세**: 1215-50년 사이 신성로마제국의 황제. 영어식으로는 프레데릭 2세.

두 시인의 귀에 사냥터의 소음 같은 요란한 소리가 숲 속에서 들려오더니, 망령 둘이 쫓겨 온다. 그 중 하나가 덤불 속으로 뛰어들어 피하려 하지만 뒤쫓아 오던 사냥개들에게 물려 갈가리 찢긴 채로 잡혀간다.

단테와 버질이 덤불로 다가가자, 덤불은 도망치던 망령이 자기를 피난처로 삼아보려 했지만 아무 이득도 못 얻고 자기만 다치게 했다며 큰 소리로 불평을 늘어놓는다. 버질은 그 덤불망령에게 누구냐고 묻는다. 덤불망령은 대답을 듣기 전에 먼저 사냥개들 때문에 떨어져 흩어진 잎사귀들을 모아달라고 한다. 두 시인이 요구대로 해주자 비로소 자기는 피렌체 시민이고 자기 집 창틀에 목을 매 자살했노라고 말한다.

자살의 죄를 범한 자에 대한 벌의 의미는 명백하다. 이승에서 자신의 육신을 박탈한 자는 저승에서도 인간의 모습을 박탈당해야 한다. 최후의 심판 때 자살자들 역시 다른 모든 망령과 함께 일어날 것이지만 그들은 육신을 되찾아 입지 못한다. 그들의 육신은 그 주인의 망령을 담고 있는 옹이진 나무에 걸려 있게 될 뿐이다.

기독교의 대두로 인해 일어난 커다란 변화 가운데 하나는 자살에 대한 판단이다. 고전시대에는 인간이 더 이상 자유롭거나 영웅적으로 살 수 없게 되었을 때, 자기 목숨을 끊는 것은 하나의 금욕주의적 덕목으로 간주되었고, 인간이 행할 수 있는 가장 마지막 위대한 행동이자 자유 선택이었다.

그러나 예수는 인간은 내적으로 자유이며, 아무리 가두고 굴욕을 주어도 영혼 자체는 파괴할 수 없다고 설교했다. 따라서 과거에는 미덕이던 자살이 기독교도에게는 신이 주신 육신을 죽여 없애는 것은 7대 죄악*의 하나로 여겨지기에 이르렀다.

단테는 자살자들의 숲에 이르러 사람 소리가 들리기는 하지만 사람을 볼 수가 없자 당연히 혼란스러워하고, 버질은 단테에게 나뭇가지 하나를 꺾어보라고 한다. 그러자 나무가 피를 흘린다. 단테는 동정심이 아주 많은 사람이다. 나무가 아파하며 항의하자 너무나 놀라고 미안해 한다.

피에르 델레 비녜의 사연을 통해 단테는 이승에 돌아가 그의 자살이 아니라 충성에 관한 진상을 제대로 알릴 수 있게 되었다. 피에르 델레 비녜 일화의 중요성은 그가 의로운 인간임을 증명하기 위해 단칼에 자살하는 영원한 불의를 저질러야 했다는 비극에 있다. 피에르 델레 비녜는 신사요, 정직하고 기품 있고 예절바르며, 교양과 지성을 갖춘 시인이다. 그러나 단 한 차례의 행동으로 영원한 저주가 내려졌고 속죄의 모든 희망을 상실했다.

이 부분은 「지옥편」에서 가장 시적인 대목 가운데 하나

---

* **7대 죄악**(cardinal sins): 교만, 탐욕, 색욕, 화냄, 대식(大食), 시기, 나태.

다. 비녜의 망령은 천하지도 악하지도 않다. 다만, 일순간 의지가 약해져서 목숨을 스스로 거두었을 뿐이다. 지옥에 갇힌 거의 대부분의 망령들에게는 무언가 경멸할 만한 이유가 있지만 피에르 델레 비녜만은 그런 구석이 없어 동정심을 일으킨다. 그는 분명히 위대한 인물이며, 한순간 의지가 약해져서 돌이킬 수 없는 행동을 했고, 그 때문에 평생을 바친 고상한 섬김과 헌신이 무위로 돌아가고 영원한 저주를 받게 된 것이다.

낭비자, 부주의한 재산 탕진자들은 벌거벗은 채로 사냥개들에게 쫓기다 갈가리 찢기는 벌을 받는다. 그들은 자신의 목숨을 버리지는 않았지만, 삶의 수단인 재산을 스스로 파괴하는 잘못을 저질렀다. 이곳의 낭비자와 제4옥의 낭비자는 다르다. 제4옥의 낭비자들은 의지박약으로 재산을 탕진했지만, 이곳 낭비자들은 강한 의도를 가지고 재산을 탕진한 자들이다.

이 소옥에 등장하는 하르피아는 여자 얼굴에 날개가 달린 괴물로, 회오리바람이나 폭풍을 상징한다. 그들은 무엇이건 훔쳐간다. 그러므로 그들은 숲 속에서 자살이라는 폭력과 영혼을 훔쳐가는 행동의 상징이라고 할 수 있다.

제 14 곡

제우스에 맞선 사내

단테가 잎사귀들을 모아 덤불에게 돌려준다. 두 사람은 걸어 들어온 반대편 쪽으로 숲을 벗어난다. 여기서부터는 황량한 평원이 펼쳐진다. 단테는 두려운 눈초리로 버질을 쳐다본다. 그 평원에는 많은 망령들이 있다. 누워 있는 자, 웅크리고 있는 자, 불안하게 방황하는 자 등등 가지각색이다. 그런데 그곳에는 불꽃이 눈 내리듯 떨어지며 망령들을 불에 데게 하여 고통을 준다. 이곳은 신에 대해 폭력을 휘두른 자들의 망령이 벌 받는 곳이다. 그들은 손을 휘저어 불꽃을 막아보지만 소용이 없다.

단테는 땅바닥에 누워 화를 내고 있는 망령 하나를 가리키며 누구냐고 버질에게 묻는다. 이 질문을 들은 그 망령은 자기는 살아 있을 때나 지금이나 같으며, 정복당하지 않았고 여전히 신을 인정하지 않는다고 대답한다. 그는 제우스가 제아무리 천둥번개로 자기를 영원히 공격한다 해도 굴하지 않을 것이라고 말한다. 이 망령이 바로 제우스가 화가 나서 내리친 벼락에 맞아 죽은 카파네우스이다. 버질은 카파네우스의 이름을 입에 올려 그를 질책한 다음, 단테에게 저 자가 테베를 포위했던 7인 가운데 하나라고 알려준다. 생전에도 신을 조롱했던 카파네우스는 지금도 여전하다. 그는 그러한 반항과 이단으로 인해 이곳에 영원히 갇혀 지내고 있다.

두 시인은 잠자코 모래밭을 걸어 붉은 물이 흐르는 조그만 냇가에 다다른다. 단테는 이 시냇물을 보자 창녀들이 이용하는 피렌체의 냇물이 떠오른다. 단테가 이 시내에 관해 궁금해 하자 버질은 크레테[*]에서 한 고대 거인이 흘리는 눈물로 시작되어 그가 살고 있는 크레테 산의 계곡을 타고 흘러내려온 것이라고 설명한다. 이 거인의 눈물이 아케론 강, 플레게톤 강, 스틱스 강 등 지옥의 여러 강의 근원이라는 것이다. 단테가 지옥의 강이 이승에서 흘러내려온다는 사실에 놀라워한다. 버질은 그들이 아직 완전히 한 바퀴를 돌지 않았으므로 앞으로 생소한 것들을 더 보게 되더라도 놀라지 말라고 덧붙인다.

단테는 버질이 깜빡 그 이름을 말하지 않았던 플레게톤 강과 레테 강에 관해 묻는다. 버질은 플레게톤은 이미 지나왔고, 레테 강은 앞으로 다른 옥을 방문하면 보게 될 것이라고 하면서 그곳은 죄를 뉘우치는 망령들이 죄를 씻는 망각의 강이라고 설명해 준다. 버질은 자기에게 바짝 붙어서 시냇가 경계선을 따라 걸어야 불타는 평원을 안전하게 건널 수 있다고 단테에게 주의를 준다.

두 개의 소옥 사이를 걸어가니 조그만 시내가 또 나오는데, 그 빛깔이 너무 빨개서 단테는 구역질이 난다. 버질은 이 시내가 지금까지 본 것 가운데 가장 특이하다고 말한다. 단테가 설명을 부탁한다. 버질은 이 강들이 어떻게 생겨났으며 어떻게 해서 지옥으로 흘러드는지에 관해 복잡하고도 긴 설명을 한다.

두 시인은 마침내 평원을 지난다. 단테는 황무지의 불꽃을 피하려면 시냇가에 바싹 붙어서 걸어야 한다는 주의를 다시 받는다.

---

* **크레테**(Crete): 그리스 반도 아래, 지중해에 있는 섬.

카파네우스란 등장인물은 단테의 지옥에 관한 개념 중 한 가지를 다시 한 번 강조한다. 망령을 지옥에 오게 만든 속성이 지옥에 온 후에도 지속된다는 개념이다. 고전 시대의 카파네우스는 자기는 너무나 강하므로 제우스라고 할지라도 자기를 파멸시킬 수 없다고 생각했다. 하지만 그는 제우스의 벼락을 맞아 죽었다. 이처럼 이승에서의 신성모독으로 그는 지옥에 떨어졌다. 하지만 그가 지옥에서 단테에게 던지는 첫 마디는, "살아 있을 때 그랬듯이, 죽어서도 그러하다"이다. 이는 그가 저승에 와서도 변하지 않았음을 강조한다.

버질은 자만심덩어리인 카파네우스를 심하게 질책하지만, 단테는 감히 신에게 도전하는 이 인물에게 매력을 느낀다. 카파네우스의 반항적인 태도에는 어떤 힘이 들어 있고, 지옥에 와서도 그 맹목적인 힘이 살아남아 도전적인 발언을 계속한다. 자만심과 신성모독으로 인해 죽음의 저주를 받고 지옥에 왔는데도 계속 신을 모독하고 있는 것이다. 카파네우스는 자기가 제우스의 벌에 굴복해 항복하기 전에, 제우스가 먼저 지치고 지겨워져 포기할 것이라고까지 극언을 서슴지 않는다.

여기에 표현된 사상은 「지옥편」 내내 중요하다. 어떤 옥이든 형벌의 정도에 차이가 있다. 카파네우스는 이 옥에서 어느 누구보다도 가혹한 벌을 받고 있다. 그리고 버질에 의하

면, 카파네우스가 받는 벌은 신성모독을 하면 할수록 점점 더
가혹해진다.

제 15 곡

스승 브루네토를 만나다

시인들은 시냇가의 높은 둑길을 걷는다. 끓어오르는 시냇물의 수증기가 떨어지는 불꽃송이를 막아준다. 유랑중인 망령 무리가 두 시인에게 다가오더니 찬찬히 살펴본다. 그중 하나가 단테를 알아보고 몹시 기뻐한다. 그 망령은 브루네토 라티니이다. 라티니는 함께 걷자고 청한다. 만약 걷지 않고 단 한 순간이라도 정지하면 그 자리에서 100년간 꼼짝 못하고 서 있으면서 떨어지는 불꽃송이를 맞는 고통을 겪어야 하기 때문이다.

단테와 브루네토는 걷기 시작한다. 단테가 길을 인도하고 브루네토가 곁에서 걷는다. 단테는 자기가 어떻게 지옥 여행을 떠나게 되었는지를 설명하고, 브루네토는 단테의 작품을 최고의 단어를 써가며 칭찬한 다음 단테가 곧 유배생활을 하게 될 것이라고 예언하면서 몇 가지 충고를 한다. 단테는 브루네토에게 후에 부활하기를 바란다면서, 그를 아버지처럼 여기며 그의 도움과 가르침에 깊이 감사드린다고 덧붙인다.

그리고 브루네토를 자주 생각하곤 했으며, 그의 예언에 관해 어떤 어인에게 물어볼 것이고, 운명의 여신 포춘이 뜻하는 바를 받아들이겠다고 말한다.

단테는 브루네토 이외에 어떤 망령들이 있는지 묻지만 겨우 몇 명의 이름만 전해 듣는다. 그 망령들은 모두가 저명했던 학자들이고 같은 죄목으로 그곳에 있다고 브루네토는 말한다. 그가 직접 언급하지는 않지만, 그 죄목은 '동성애'다. 갑자기 브루네토는 누가 부르는 느낌이 들자 일행에게 돌아가야겠다며 떠난다. 떠나기에 앞서 그는 단테에게 자신의 위대한 저서 〈시소러스〉[*]를 읽으라고 권한다.

제15곡에서 가장 중요한 순간은 단테와 그의 스승이자 용기의 원천이었던 브루네토 라티니와의 만남이다. 단테는 브루네토의 저서에서 많은 영향을 받았는데, 그 중 하나가 브루네토의 〈시소러스〉이다.

인물탐색 그들의 해후 장면은 「지옥편」 최고의 순간 가운데 하나다. 단테는 브루네토를 중요한 인물로 보고, 깊이 배려했음이 분명하다. 다른 망령들에게는 쓰지 않는 존칭을 사용한 것이 그 증거라고 할 수 있다. 그는 단테에게서 다른 사람들이 보지 못했던 재능을 발견한 사람이다. 단테는 앞으로 시민들이 그에게 가할 공격에 대항할 용기와 격려를 지금 지옥의 스승에게서 미리 얻고 있다. 단테는 브루네토가 자기와 공감하는 동료 예술가임을 깨닫는다. 특히 브루네토가 단테 자신의 별을 따라가 그에게 주어진 영광의 운명을 이뤄내라고 할 때 더욱 그렇다.

단테는 지옥 속에 자기가 존경하는 사람들을 여럿 배치

---

[*] **시소러스**(Thesaurus): 그리스어로 '지식의 보고'라는 뜻. 사전.

해 놓고 그들을 만날 때마다 적절한 경의를 표하고 있다. 그러나 단테의 이념체계 아래서는 이승에서의 존경이나 훌륭한 행위라고 해서 지옥의 저주를 면할 충분조건이 되지는 않는다.

이 시점에서 단테는 자신의 유배에 관한 세 번째 예언을 브루네토 라티니로부터 듣는다. 브루네토는 단테가 양쪽으로부터 노림의 대상이 될 것이라고 예언한다. 즉, 겔프 당과 기벨린 당 모두가 기를 쓰고 그를 파멸하려고 들 것이라는 말이다. 물론 이것은 진정한 의미의 예언이 아니다. 브루네토의 예언은 단테가 「지옥편」을 집필하던 시점에는 이미 과거지사이기 때문이다.

불꽃의 비라든가, 타는 듯한 모래벌판은 불모성과 비생산성을 상징한다. 비는 생명을 주어야 하고, 땅은 비옥해야 한다. 그러나 남성의 동성애는 생명을 주는 행위가 아니기 때문에 이런 상징을 쓴 것이다.

제 16 곡

겔프 당의 동성애자들

두 시인은 제7옥의 3소옥 끄트머리에 있는 폭포 근처에 이른다. 제8옥으로 우르릉거리며 떨어지는 물소리가 들린다. 단테의 피렌체 식 복장을 알아보고 세 망령이 쫓아온다. 버질은 이들을 몹시 존중하며, 단테에게 그들과 이야기를 나누라고 권한다. 그 망령들도 동성애자들이라서 잠시도 멈춰서는 안 되므로 원을 그리고 걸으면서 단테와 대화를 나눈다.

한 망령이 단테에게 누구냐고 묻고는 자기들의 지금 처지만 보고 깔보지 말라고 한다. 생전에는 유명 인사였다는 것이다. 그들을 알아본 단테가 항상 존경했었노라고 말하고, 자기의 여행에 관해 설명한다. 그들은 단테에게 행운을 빌고, 이승에 돌아가거든 자기들의 이야기를 전해 달라고 부탁한다.

시인들은 폭포를 향해 다가간다. 버질이 단테에게 허리에 감고 있는 밧줄을 달라고 하더니 심연 아래로 던진다. 단테는 뭔가 심상치 않은 일이 일어날 것을 예상하는데, 그 마음을 알아차린 버질이 정말 뜻밖의 일이 벌어질 것이라고 예고한다. 과연 단테의 시 전체를 통해 가장 괴이한 광경이 눈앞을 가득 채우자 그는 깜짝 놀란다.

　제16곡은 이전 곡의 진지함과 슬픔에 비해 덜 흥미롭다. 앞 곡이 서정적이고 시적인 데 비해 제16곡의 암시는 거의 정치적인 동기의 나열에 불과하다.

여기서 단테가 만나는 세 망령은 단테가 활동하던 시기 바로 전에 궬프 당을 이끌던 지도자들이었다. 단테는 그 세 사람의 생애에 관해 많은 이야기를 들었을 것이고, 그때 들은 그들의 권력과 고상함에 대한 기억이 지옥 여행 때에도 고스란히 남아 있었을 것이다. 그러나 지상에서의 권력이 얼마나 셌건, 인품이 얼마나 고결했건, 정치적 견해가 단테와 일치했건 안 했건, 그들은 지옥의 불길을 피할 수가 없다. 단테는 존경하던 사람들이 지옥의 저주를 면할 수 없었던 것으로 미루어 동성애가 얼마나 경멸스런 죄인지 깨닫는다.

단테는 그들에게 피렌체에서 벌어지고 있는 일에 관해 알려준다. 단테는 지옥의 끝으로 다가갈수록 죄와 죄인에 대해 무감각해져서, 그것이 그 망령들의 운명이거니 하고 담담하게 받아들인다.

제16곡에서 극적인 행위라면 밧줄을 심연 아래로 던지는 것을 꼽을 수 있다. 이 밧줄은 난데없이 나타난 물건이다. 전에 한 번도 언급된 적이 없고 단테가 그것을 허리에 차고 있어야 할 이유도 전혀 없다. 단테는 이 대목에서 그들을 제8옥으로 데려다줄 게리온을 불러들일 극적인 도구가 필요했던 것이다. 그는 언젠가 그 밧줄로 털에 윤기가 흐르는 표범을 잡아볼까 했었다고 말하는데, 표범은 그가 여행을 시작할 때 나타났으며 기만자와 악의자(두 시인이 들어가려고 하는 제8옥의 거주자)를 상징한다. 밧줄을 던지는 행위의 상징적인 의미는 명확하게 잘라 말할 수 없다. 다만, 이 행위가 괴물을 불러내서 이야기를 진행시키는 기능을 하는 것은 분명하다. 단테는 〈신곡〉이 무엇보다도 먼저 문학 작품이며 따라서 널리 읽혀져야 한다고 말한 바 있다. 그러므로 우리는 이 곡에 나오는 밧줄을 줄거리 전개를 위한 단순한 문학적 도구로 이해하면 그만이다.

제 17 곡

개성을 잃어버린 낭비자들

괴물 게리온이 꼬리를 치켜들고 심연의 가장자리에 착륙한다. 이 괴물의 얼굴은 순진한 남자 같지만, 몸뚱이의 반은 파충류이고, 반은 털이 난 짐승이고, 꼬리에는 전갈처럼 독침이 달렸다. 괴물을 향해 걸어가던 버질은 단테에게 잠시 시간이 있으니, 제7옥의 마지막 소옥의 죄인들을 만나보되 짧게 이야기를 끝내고 돌아오라고 이른다.

단테는 혼자 원형의 옥을 빙 돌아서 한 무리의 죄인들에게 다가간다. 그들은 눈에 눈물이 그득하고 목에는 커다란 지갑을 걸고 있다. 단테가 일행을 살펴봤지만 아는 얼굴이 없다. 그런데 지갑에 새겨진 문장(紋章)은 알아볼 수 있었다. 그들 낭비자 무리는 단테에게 같이 있고 싶지 않으니 꺼지라고 말한다. 시간이 너무 지체된 것 같아 걱정하던 단테는 버질에게 돌아간다. 버질은 이미 괴물 게리온의 엉덩이에 올라타 있다. 낙오될까봐 겁에 질린 단테는 빨리 올라타려고 서두르고, 도움을 청하기도 전에 버질이 단테를 안아 괴물 위에 태운다. 버질이 게리온에게 천천히 가라고 하자, 괴물은 유유히 날아 두 시인을 심연 아래 제8옥 가까운 곳에 내려놓는다. 살아 있는 인간 단테의 무게를 덜고 난 게리온은 화살처럼 빠르게 다시 날아가 버린다.

　　지옥의 다른 주요 부분에서 그렇듯이, 이곳 역시 신화에서 익숙하게 들어본 이름의 괴물이 입구를 지키고 있다. 제17곡에 등장하는 게리온은 제8옥에 수용되는 죄인들의 죄목인 기만을 상징한다. 순진해 보이는 괴물의 얼굴은 상대방을 속여 바보로 만들고, 상대는 무방비 상태로 있다가 전갈 같은 꼬리 독침을 맞게 된다.

단테는 여기서도 신화에 나오는 괴물의 전통적인 모습을 자기 마음대로 변형시켜 문학적인 도구로 사용한다. 이런 변형은 또한 지옥이 흔히들 생각하는 그런 모습이 아니라는 것을 강조하는 의미가 있다. 원래 게리온은 스페인 신화에 등장하는 왕으로, 헤라클레스에게 죽임을 당했다고 한다. 그는 세 개의 머리와 세 개의 몸뚱이를 가졌다고 하는데, 단테가 만들어낸 게리온은 사자(폭력)와 표범(악의)의 합체로서, 빛나는 털가죽을 지녔다. 이는 「지옥편」이 시작되면서 곧바로 등장하는 세 야수 가운데 둘을 합친 것으로 생각된다.

순례자 단테는 제7옥의 마지막 소옥에 수용된 낭비자들을 만나면서 비로소 죄의 진정한 성격을 이해하기 시작한다. 그는 그들 곁에 오래 있지도 않고, 이름을 알려고 하지도 않으며, 다만 냉정하게 그들을 관찰한 후 떠나버린다.

시인 단테는 이 죄인들을 비참한 상태에 놓아두고, 그들의 이름도 말하지 않은 채 이승의 아무도 그들을 기억하지 못하도록 감춰버린다. 낭비자들의 얼굴에는 인간적인 개성이 없다. 왜냐하면 그들의 관심은 오로지 돈이기 때문에 개성을 잃어버린 것이다. 그러나 그들의 목에 걸린 지갑의 문장이 가문의 이름 정도는 가르쳐준다. 단테는 돈을 낭비하는 것과 이자를 붙이든 안 붙이든 돈을 꾸어주는 것을 증오했기 때문에 낭비자나 고리대금업자 모두를 이 깊은 지옥에서 큰 벌을 받도록 만들어놓았다.

 죄인의 죄질이 야비해지고 천해질수록 시에 쓰인 언어
는 점점 더 사실적으로 변해서 낭비자들의 처참한 모
습이 눈에 선하도록 설명한다. 이 곡에서는 낭비자들을 여름
철의 개로 묘사하는데 어찌나 생생한지 구역질이 날 지경이다.
시가 진행될수록 단테의 시어(詩語)는 더욱 강력한 힘을 발휘
한다.

제 18 곡

 뚜쟁이와 아첨꾼의 구렁

시인들은 어느새 10개의 구렁으로 이루어진 제8옥에 들어와 있음을 알게 된다. 제8옥은 바위로 된 평지인데, 그 바위 바닥을 파내서 만든 10개의 해자, 즉 틈새 비슷한 구렁들이 있다. 각 구렁에 수용된 죄인들은 죄질이 서로 다르다.

시인들이 뚜쟁이와 유혹자들을 수용한 첫 번째 구렁에 도달해 보니, 죄인들이 꽉 들어찬 상태에서 양 방향으로 걸으며 고통을 겪고 있다. 뿔이 난 마귀가 걸음이 더딘 죄인을 채찍질한다.

단테는 자기 쪽에 서 있는 한 죄인을 부른다. 그 죄인은 얼굴을 숙이고 피하려 하지만 소용이 없다. 그 자는 볼로냐의 베네디코 카치아네미코였다. 그는 '후작의 육욕을 만족시켜주기 위해' 자신의 여동생인 아름다운 기솔라벨라를 꼬드겼음을 자인한다. 그리고는 이 구렁에는 현재 이승에서보다 더 많은 볼로냐인들이 수용되어 있다고 말한다. 그때 한 마귀가 그를 채찍질하며 사라지라고 명령한다.

시인들은 구렁을 한 바퀴 돌아 좁은 다리로 다가간다. 그때 버질은 단테에게 자기들과 반대 방향으로 걷고 있는 죄인들도 관찰해 보라고 권한다. 단테는 그 자들 가운데서 당당한 외모를 지닌 이아손을 본다. 그 자는 구렁 속에서 고통을 당하고 있음에도 불구하고 강인해 보였다. 다른 유혹자들이 그와 함께 있다.

두 번째 구렁으로 옮겨가자 하수와 분뇨 속에서 괴로워하는 죄인들

무리가 있다. 거기서 단테는 또 한 죄인을 알아본다. 알레시오 인테르미넬리 다 루카이다. 그 자는 거짓말을 해가며 아첨하는 죄를 지었기 때문에 이 구렁에서 고생을 하고 있다. 버질이 한 여자를 가리킨다. 창녀 타이스이다. 그녀 역시 거짓 아첨을 떨었기 때문에 이곳에 와 있다. 시인들은 고개를 돌린다. 지금까지 본 것으로 충분하기 때문이다.

시인들은 '말레볼제(Malebolge)', 즉 '악의 주머니' 옥에 도달한다. 여기서는 용어의 혼란이 적지 않아서 독자들이 혼란을 일으키기 십상이다. 'Bolgia'라는 이탈리아어에는 '구덩이'와 '주머니' 두 가지 뜻이 있다. 그러나 이 두 가지 어느 것도 단테가 전하고자 하는 의미로는 부족하다. 이것을 '협곡'이나 '갈라진 틈'이라고 번역한다면, 역시 부족하긴 해도 단테가 표현하고자 했던 깊고 험한 곳이라는 의미는 함축시킬 수 있다. 또한 '해자'라는 번역도 시의 앞 연과 결부해서 볼 때 받아들일 만하다. 이 책에서 '우물'이라고 번역한 단어는 보다 명확한 의미전달을 위하여 차라리 '분화구' 또는 '심연' 쪽이 나을지도 모르겠다. 그리고 'Male'라는 접두사에는 '병든' 또는 '나쁜' 등 복합적인 의미가 있다.

악의 주머니는 말 그대로 정말 무시무시한 곳이다. 단테는 악의 주머니라는 별칭이 붙은 제8옥에만 무려 13개 곡을 소비하고 있다. 다시 말해, 제8옥은 「지옥편」의 핵심으로 내용 면으로나 시적 풍부함에서 가장 극적인 장면들이 들어 있다. 이 곡의 첫머리는 제8옥의 구조를 길게 설명하고 있는데, 단 테의 시 가운데 최고에 속한다.

악의 주머니 제1구렁에서 단테가 맨 처음 마주치는 죄 인들은 뚜쟁이(타인을 자신의 목적을 위해 일하도록 이용해 먹는 자)들이다. 그들은 죄에 걸맞는 응보로, 악의에 찬 마귀 들에게 영원토록 찔림을 당하고 있다. 그들과 반대 방향으로 걷는 자들은 유혹자들인데, 이들 역시 타인을 자신의 필요에 이용한 자들이므로 뚜쟁이들과 비슷한 벌을 받고 있다.

볼로냐의 베네디코 카치아네미코는 페라라의 오비조 다 에스테 후작의 색욕을 만족시켜주기 위해 여동생 기솔라벨 라를 설득했었노라고 단테에게 고백한다. 그러자 그를 찌르던 마귀가 그를 '뚜쟁이'라고 욕한다.

문학적 장치 이 곡에서 놀라운 인물은 이아손이다. 그는 신화에 나 오는 유명한 인물인데도 지옥의 이 깊은 뱃속에 빠져 있기 때문이다. 기품 있는 사랑을 좋아하는 시인 단테는 이아 손의 행실, 즉 여자를 유혹하고, 임신하게 하고, 차버리는 짓 거리를 싫어한 게 분명하다.

주제 탐색 제2구렁에 수용된 망령들은 아첨꾼이다. 그들은 이승 에서처럼 분뇨와 하수 속에서 뒹구는 벌을 받고 있다. 거짓 아첨꾼의 천박함을 보여주기 위해 단테는 두 명의 죄인

을 선정한다. 하나는 알레시오 인테르미넬리 다 루카이다. 이
자는 귀족가문 출신인데, 그에 관해서는 별로 알려진 게 없다.
다른 하나는 타이스이다. 그녀는 연인으로부터 노예를 선물로
받았다고 한다. 그래서 그에게 감사의 인사를 전했느냐고 물
으니까, 감사라고 하기에는 지나칠 정도로 너무나 아첨을 떨
었다고 대답한다.

제 19 곡

 성직매매자들의 구렁

　　단테와 버질은 제8옥, 세 번째 구렁의 가장자리에 도착한다. 그곳은 성직매매자 수용소다. 이 자들은 교회 내에서의 직위를 개인적인 치부 수단으로 이용했다. 그들은 세례를 줄 때 쓰는 성수반만한 크기의 둥근 구멍에 머리를 처박고 거꾸로 서 있다.

　　무수한 구멍마다 머리를 처박힌 채 거꾸로 서 있는 그들의 발바닥 위로 불길이 타오르고 있다. 그 중에 다른 망령들보다 훨씬 더 고통스러워하는 한 망령이 단테의 눈에 들어온다. 그의 발에서는 불길이 다른 자들보다 더 활활 타고 있어서, 그는 온몸을 격렬하게 흔들며 몹시 괴로워한다.

　　그 망령은 단테를 보자 보니파시오 8세로 오인하고, 그가 예상보다 일찍 지옥에 온 것을 놀라워한다. 단테가 잘못 보았다고 하자, 그 망령이 자신의 이력을 들려준다. 그 망령은 교황의 법의를 입었고, 그의 밑에 있는 바위가 갈라진 틈새 속에는 같은 죄를 범한 다른 교황들이 깔려 있다. 니콜라오 3세인 이 망령은, 다음에 올 교황이 보니파시오인데, 그가 오면 자기는 바위 틈 아래로 밀려 내려가 보니파시오의 밑에 깔릴 것이라고 한다. 그리고 앞으로 때가 되면 더욱 악질적인 새 교황들이 이곳으로 연달아 올 것이라고 덧붙인다. 단테는 그 망령을 심하게 꾸짖는다. 버질은 이런 단테의 행동에 흐뭇해하며 다음 구렁으로 발길을 옮긴다.

성직매매자(Simonist)들이 수용되어 있는 이 구렁에서는 두 가지 주제, 종교와 신적 응보가 교차한다. 성직매매를 원어로 Simonia라고 하는데, 이는 마술사 시몬*에게서 유래한 단어다. 성직매매자란 성직 그 자체를 매매하거나 돈을 받고 성직자의 업무를 행한 자들을 말한다.

이 죄인들은 세례반처럼 생긴 구멍 속에 머리를 처박고 거꾸로 서 있다. 그들의 발에서는 불이 타고 있는데, 아마 이 불을 태우는 것은 종부성사(終傅聖事)용 기름일 것이다. 그들이 이런 벌을 받는 까닭은 성직의 기본을 뒤집어놓았기 때문이다. 그러나 이런 벌을 받는 것은 잠깐이다. 새로운 죄인이 오면 그 자리를 물려주고 자기는 그 밑 바위 틈 속으로 밀려 내려가 영원히 박혀 있게 되기 때문이다. 이것은 성직매매자들이 성직을 줄줄이 이어받는 것과 같은 이치라고 하겠다.

성직매매자들이 벌을 받는 방식은 단테 시대의 세례의식을 묘하게 뒤집어놓은 꼴로 되어 있다. 발에서 타는 기름은 세례의식 때 뿌리는 차고 신선한 성수를 거꾸로 표현해 놓은 것이다.

---

* **시몬**(Simon): 사마리아의 마술사. 사도들이 성령을 부리는 것을 보고 그 능력을 돈을 주고 사려 했다.

문체탐색 단테는 이곳 죄인들에게 경멸감을 느낀 나머지 대화를 나누다 말고 심하게 나무란다. 단테가 그런 언행을 하는 것은 「지옥편」에서 흔치 않은 일이다. 이는 그가 그토록 귀하게 여기는 교회를 부패시킨 자들에게 극도의 혐오감을 느꼈음을 보여주는 반증으로 중요한 의미를 가진다. 대화 도중, 단테가 여러 해 전에 세례반을 깨뜨렸는데 이것이 신성모독행위가 아니냐는 힐난을 받는다. 그러자 단테는 그것은 어린아이가 세례반에 빠져 익사할 것 같아서 목숨을 구하느라고 그런 것이라고 해명한다.

단테와 대화를 나눈 죄인은 교황 니콜라오 3세로, 제8옥 3구렁을 대표하는 죄인이다. 그것은 그의 발에서 타오르는 불꽃이 가장 높은 것으로 증명된다. 그의 성(姓)에는 이탈리아어로 '곰 새끼'라는 뜻이 있고, 그는 교황을 상징하는 '커다란 법의'를 걸치고 있다. 단테에 의하면 그는 부패한 교황이었는데, 자기보다도 더 부패한 교황 보니파시오가 올 것이라고 예언한다. 보니파시오는 1303년에 죽었다. 〈신곡〉의 시점은 서기 1300년이지만, 이 작품의 저술에 착수한 것이 1307년이므로 단테가 이 대목을 쓴 것은 1303년보다 이후라는 사실에 유의하기 바란다. 그리고 니콜라오 3세는 보니파시오에 이어 그보다도 더 나쁜 클레멘테 5세가 올 것까지 예언한다.

「지옥편」 여행이 진행됨에 따라 단테는 죄를 질책하고 경멸하게 된다. 이 곡에서 단테는 처음 여행을 시작했을 때와는 달리, 죄인들을 전혀 측은해 하지 않음은 물론 어떤 때는 저주를 퍼붓기까지 한다. 영혼의 안내자 겸 지혜의 상징인 버질은 단테의 이런 변화를 만족스러워한다. 단테는 여행을 계속할수록, 다음 여정 ― 연옥과 천국 ― 에 대한 마음의 준비를 갖추게 된다. 다음 여정의 목적지에 들어가기 위해서는 우선 단테 자신이 죄를 정화시켜야 한다. 신곡의 맨 처음 곡에서 단테가 기쁨의 산으로부터 버림받아 길을 잃은 이유는 그의 죄 때문이다. 그러므로 그는 지옥과 그 위험을 먼저 경험해야 비로소 그 반대의 것을 체험할 자격이 생기는 것이다.

제 20 곡

점쟁이와 예언자들의 구렁

단테는 제4구렁에 이르러 고통스러워하는 죄인들의 얼굴을 보자 또 슬픔에 젖어 눈물을 흘린다. 이곳의 죄인들은 머리가 몸과 반대 방향으로 달려 있어서 영원히 뒷걸음질 치며 눈에는 눈물이 그득하다. 버질은 점쟁이와 예언자들을 가엾어하는 단테를 나무란다. 그들은 불손하게도 오직 신의 영역인 미래를 미리 말하려고 했던 자들이므로, 신적 정의의 관점에서 볼 때 당연한 응보를 받는 것이기 때문이다.

이곳 죄인 가운데 하나인 만토*의 이야기가 나온 김에 버질은 자기 고향 만투아 시가 어떻게 생겨났는지를 상세히 설명한다. 그러면서 단테에게 기회가 생기면 만투아의 기원을 제대로 알릴 것과 다른 거짓된 이야기들이 퍼지지 않게 하겠다는 다짐을 받는다. 단테는 이곳에 수용된 다른 망령들에 관해 묻는다. 버질은 여럿을 언급한 다음, 달이 지고 있으니 길을 재촉하자고 말한다. 그들은 다음 구렁을 향해 출발한다.

---

* **만토**(Manto): 그리스어로 여자 예언자, 그녀의 이름을 따서 만투아라는 지명이 생겼다. 만투아는 북부 이탈리아 롬바르디에 있는 작은 도시.

인물 탐색 이 곡에서는 단테가 그동안 배웠던 것이 후퇴한다. 악의 주머니에 들어온 후 처음으로 이 옥의 죄인들에게 동정심을 느끼는 것이다. 버질은 단테의 그런 행위를 나무란다. 이것은 단테가 앞서 본 여러 지옥에서 죄의 진정한 본질을 제대로 이해하지 못했음을 나무라는 것일지도 모른다. 아니면 버질 역시 오류에 빠질 수 있는 인간의 망령이고, 지옥의 죄인들에게 동정심을 느낄 수 있지만, 적어도 지옥의 맨 아래 마지막 옥의 죄인들에게는 절대로 그래서는 안 된다는 것을 역설적으로 강조하는 뜻일 수도 있다.

주제 탐색 단테의 신적 응보관에 의하면, 점쟁이나 예언자들은 머리가 뒤쪽으로 달려 있고 눈에는 눈물이 가득 차 있다. 그들이 이승에서 살 때, 앞을 너무나 멀리 내다보려고 했기 때문에 이제는 앞이 아니라 뒤를, 그것도 흐려진 눈으로 보면서 영원히 사는 그런 벌을 받는 것이다. 교황제 아래서는 어떤 형태의 마법이나 마술도 인정되지 않았으므로 예언 따위는 교황제 체제에 구멍을 뚫는 큰 죄였다.

여기서 단테는 버질이 마술사라는 소문을 애써 부인한다. 만일 버질이 마술사라면, 점쟁이나 예언자들이 수용되는 이곳에 갇혀야 할 분명한 중죄인인 것이다. 단테는 버질이 여자 마술사가 세운 도시에서 태어났다는 사실로 인해 죄인으로 연상되지 않도록 그의 결백함을 보여주려고 노력한다. 버질의 입에서 나오는 만투아에 관한 설명을 요약하면 이렇다. 그 땅은 원래 만토가 살던 곳이지만 이주민들이 오면서부터 마술은 없어졌다. 다만 그들이 도시를 건설하며 만토에서 도시 이름을 따와 만투아라고 지었을 뿐이다. 단테로서는 그의 안내자가 그런 일에 연루됨으로써 행여 여행에 오점이 생겨서는 안 될 일이다.

단테는 당대에 통용되던 기준에 따라 망령들을 판단했지만, 여기서 처음으로 그 원칙을 위반한다. 그는 그리스 예언자들을 저주를 받아 지옥에 온 것으로 처리했다. 그러나 단테 시대의 그리스 예언자들은 상당히 높은 평가를 받는 존재들이었다. 또 하나 흥미로운 것은 구약 성서의 예언자들이 한 명도 수용되어 있지 않다는 사실이다. 이 점에 관해서는 아무런 설명이 없다.

제 21, 22 곡

독직자의 구렁에서 마귀들의 호위를 받다

단테와 버질은 다섯 번째 구렁으로 간다. 그곳은 어둡고 부글부글 끓는 역청으로 가득 차 있다. 단테는 그 역청이 이승의 조선소에서 배의 갈라진 틈을 메우는 물질이라고 설명한다. 갑자기 노한 마귀 하나가 나타난다. 버질은 단테를 큰 바위 뒤에 숨으라고 한 다음, 마귀와 담판을 지어 두 시인이 안전하게 통과할 길을 마련한다.

죄인 하나를 호송중이던 그 마귀는 죄인을 끓는 역청 속에 집어던지더니 독직자들을 벌하는 이 구렁에 더 많은 죄인들을 집어넣기 위해 다시 가야 한다고 말한다. 다른 마귀들이 역청 속에 던져진 죄인에게 머리를 내밀거나 하면 갈고리로 찍겠다고 위협한다.

버질이 마귀들과 대치하며 담판을 시도한다. 마귀들은 그를 해치겠다고 위협한다. 버질은 마귀들의 대장 격인 말라코다와 이야기를 하자며 한 발짝 앞으로 나선다. 말라코다는 이 여행이 신의 뜻을 받들어 이루어지고 있다는 설명을 듣자, 안전한 여행이 되도록 보장하고 마귀들 열을 불러 모아 두 시인을 다음 다리까지 호위하라고 지시한다. 말라코다는, 바로 근처에 있던 다리는 지금 이맘때로부터 기산해서 1,266년 하루 하고도 다섯 시간 전쯤에 지진으로 무너졌기 때문에 시인들은 다음 다리까지 가야 한다는 것이다.(예수 그리스도가 죽던 날 일어난 '지옥 정복' 사건을 의미)

단테는 마귀들이 무서우니 둘이서만 가자고 버질에게 사정한다. 버질은 단테가 두려워하자 역정을 내며 마귀들이란 지옥의 경비원이자 역청 속의 죄인들을 다잡는 존재에 불과하다는 것을 상기시킨다. 마귀들은 서로 신호를 주고받더니 시인들을 호위하기 시작한다.

제22곡에서, 단테는 이처럼 끔찍한 일당과 함께 간다는 것이 이상스러웠지만, 이 부분의 길은 마귀와의 동행이 불가피하다는 것을 깨닫는다. 이따금 죄인들이 고통을 덜려고 역청 위로 등을 내밀곤 했는데, 그 모습이 마치 물속에서 콧잔등을 빠끔 내놓고 쪼그려 앉아 있는 개구리처럼 보였다.

한 죄인이 역청 밖으로 몸을 내밀었다가 재빨리 다시 숨지 못하고 마귀에게 들킨다. 마귀는 잽싸게 죄인의 머리채를 낚아채 역청 밖으로 끌어낸다. 마귀가 그 죄인을 갈고리로 갈가리 찢으려 하자, 단테가 나서서 먼저 그 죄인의 신원에 관해 이야기를 들어볼 수 없겠느냐고 묻는다. 그 죄인은 자기는 나바레에서 태어나 왕의 신하로 봉직했는데 뇌물을 먹는 바람에 이 고생을 하고 있다고 말한다. 마귀가 그 죄인을 괴롭히기 시작하자, 죄인이 마귀에게 흥정을 건다. 그는 자기가 마치 자유로운 것처럼 휘파람을 불어 많은 죄인(특히 단테가 말을 나눌 이탈리아 출신)들이 역청 밖으로 몸을 내밀게 해서 마귀들의 손에 고통을 당하도록 해주겠다고 제안한다.

마귀늘은 미덥지는 않았지만 그 말을 받아들이면서, 그 틈을 이용해 도망치려고 하면 잡아서 혼을 내겠다고 으름장을 놓는다. 그러나 일단 풀려난 죄인은 이때다 하고 순식간에 안전한 역청 속으로 풍덩 뛰어들어 달아나 버린다. 죄인에게 속은 마귀들은 화가 머리끝까지 치밀어 그 죄인을 쫓아 날아간다. 마귀 둘이 달아난 죄인을 잡지 못하자 책임 소재를 놓고 다투다가 모두 역청 속에 빠져 허우적거린다. 다른 마귀들이 이 두 마귀를 구조하는 사이에 시인들은 슬쩍 그곳을 떠난다.

문체탐색 제21곡과 제22곡에 사용된 언어와 이미지들은 앞의 곡들에 비해 훨씬 조악하고 괴기스럽다. 이는 아래로 내려갈수록 지옥의 모습이 점점 더 기괴해짐을 뜻한다. 이 두 곡에서는 마귀의 모습이 다른 옥에 나오는 야수들과 달리 매우 세밀하게 묘사된다. 그래서 비극에 삽입되는 분위기 전환 장면 같은 느낌이 들 정도다. 순례자 단테는 마귀의 이런 모습을 무서워하면서도 매력을 느낀다.

주제탐색 지옥의 다른 죄인들과 마찬가지로 이곳의 독직자들에게도 단테의 신적 응보원칙이 적용된다. 그들은 생전에 뇌물이 달라붙는 '끈끈한' 손을 가졌으므로 끈끈한 역청 속에서 영원을 보내도록 저주받았다. 그리고 그들의 거래가 남의 눈에 띄지 않게 숨어서 하는 것이었던 만큼, 역청 속에 묻혀서 마귀들의 눈에 보이지 않아야 한다. 또한 이승에서 타인을 갈취하는 기회를 알뜰하게 이용해 먹었으니, 조금만 틈을 보여도 어김없이 마귀들에게 갈고리질 괴롭힘을 당해야 한다.

인물탐색 이 깊은 옥에서는 버질의 언동에 변화가 일어난다. 그는 이제 더 이상 단테에게 부드럽고 상냥하게 굴지 않는다. 오히려 제21곡에서만도 두 번이나 나무란다. 한 번은 단테를 바위 뒤에 숨기면서이고, 또 한 번은 단테가 마귀를 두려워할 때다. 단테에게서 여행을 계속하기가 싫은 듯한 느낌을 받자, 그에게 실망한 것이다.

　　나바레 출신 독직자에 관한 것은 그가 한 말이 전부다. 그는 그곳의 다른 독직자들과 마찬가지로 변한 게 없다. 생전에 그랬듯이 지옥에 와서도 죄를 뉘우치지 않는다. 그가 꾀를 써서 마귀로부터 달아나는 장면은 시인들이 여행을 계속하게 만들기 위한 문학적 장치에 불과하다.

제 23 곡

 위선자들의 구렁

두 시인은 한동안 동행이 없는 상태로 둘이서 걷는다. 단테는 생쥐와 개구리의 이솝우화를 깊이 생각한다. 그러는 사이 제8옥의 6구렁에 도착한다. 그곳은 뭔가 무거운 짐을 진 것처럼 느릿느릿 걷고 있는 망령들로 가득하다.

이곳의 망령들은 위선자들이다. 그들은 빛나는 황금 외투를 입고 모자를 썼지만 사실은 납으로 안감이 대어져 있다. 단테와 버질은 왼쪽으로 방향을 바꾼다. 시인들은 무거운 납 옷을 입은 위선자들보다 걸음이 빠르다. 단테는 버질에게 걷는 속도를 조금 늦춰 혹시 아는 망령이 있는지 살펴보자고 청한다.

한 망령이 단테의 토스카나 사투리를 알아듣고 기다리라고 소리친다. 두 망령이 말없이 다가온다. 그 중 한 망령이 단테의 목 앞쪽이 움직이는 것을 보고 산 사람이란 것을 알아차린다. 그들은 단테에게 누구이며 왜 이 위선자의 지옥에 오게 되었는지 묻는다.

단테는 자기가 산 사람이며 피렌체인이라고 밝힌 후, 그다지도 슬피 우는 그대들은 누구이며 지금 무슨 벌을 받고 있느냐고 반문한다. 그들은 원래는 동정녀 마리아 수사단(修士團)* 단원들인데, 피렌체의 평화를 위

---

* **동정녀 마리아 수사단:** 1261년 볼로냐에서 창설된 수사단. 후에 기강이 해이해져 향락수사단(Jovial Friars)이란 별명을 얻었다.

해 둘이 공동시장에 지명되었다고 이력을 밝힌다.

그러자 단테가 화를 내며 그들이 이승에서 저지른 악을 규탄한다. 그러던 중 땅바닥에 누워 세 개의 말뚝에서 책형(磔刑)[*]을 받고 있는 망령이 단테의 눈에 들어온다. 카탈란 수사는 그 망령이 바로 대제사장 가야바이며, 바리새인[**]들의 의회에서 나라가 통째로 망하느니 예수를 죽이는 편이 낫다고 사람들을 설득했던 자라고 설명한다. 가야바는 지나가는 모든 사람들이 의무적으로 짓밟고 지나가야 하는 벌을 받고 있으며, 단테의 장인 안나스와 의회 의원들도 같은 형을 받고 있다. 버질은 신기한 듯 오랫동안 가야바를 내려다본다.

버질은 수사에게 고개를 돌려 이 구렁을 건너갈 다리가 있느냐고 묻는다. 수사는 여러 개 있었지만 모두 한 번에 파괴되었다고 대답한다. 그러나 다리가 무너져 쌓인 돌무더기를 기어 올라가면 별 어려움 없이 이 구렁을 벗어날 수 있다고 알려준다.

이 곡은 가야바로 대표되는 위선자들을 다룬다. 그들에 대한 벌은 겉은 아름답지만 납 안감이 붙어 있는 옷을 입는 것이다. 옷이 너무 무거워 허리가 휘고 움직이기도 힘들다. 겉보기에는 번쩍거리고 그럴싸하지만 무게 때문에 단 한 발짝도

---

[*] **책형**: 기둥에 묶어 세워놓고 창으로 찔러 죽이는 형벌.

[**] **바리새인**: 유대교의 한 종파 사람들. 율법의 준수와 종교적인 순수함을 강조하였다.

걷기가 힘드니, 영적 진보를 하지 못하는 위선자들에게 적합한 벌이다.

단테는 제22곡에서 있었던, 달아난 죄인과 마귀들 사이에서 일어난 사건을 묘사하기 위해 생쥐와 개구리의 우화(그는 이 우화를 이솝의 것으로 본다.)를 떠올린다. 이 우화에 따르면, 생쥐가 연못을 건너려고 개구리에게 도움을 청한다. 생쥐를 물에 빠뜨릴 속셈인 개구리는 도와주겠다며 등에 타라고 한다. 생쥐가 떨어질까 겁을 내자 개구리는 끈으로 서로 묶으면 안전할 것이라고 말한다. 그들이 물 가운데 쯤 갔을 때 개구리가 생쥐를 끌고 물속으로 잠수한다. 이때 발버둥 치는 생쥐를 발견한 매가 날아와 생쥐를 덥석 물고 날아오른다. 그 바람에 끈에 묶인 개구리마저 잡히고 만다. 단테의 비유에서 죄인은 생쥐이고 마귀들은 개구리에 해당한다. 죄인을 잡으려다가 저희들도 역청 속에 빠지고 말았으니까. 하지만 학자들 간에는 이 우화에서 누가 누구를 상징하느냐에 관해서는 이론이 분분하다.

항상 부지런한 안내자 버질은 단테가 해를 입기 쉽게 되자 본래의 자상한 성격으로 돌아간다. 그는 단테를 어린 아들 다루듯 번쩍 들어 여섯 번째 구렁 바닥에 안전하게 내려놓는다. 단테는 비로소 안심하고 버질이 정말 훌륭한 안내자임을 확인한다.

 여섯 번째 구렁에서 단테의 종교적 주제와 정치적 주제
가 또 한 번 충돌한다. 향락수사단은 원래 도시국가 간
의 평화와 질서를 유지하기 위해 창설된 단체다. 여기서 단테
가 만난 두 수사는 겔프 당 당원과 기벨린 당 당원이었다. 이
들은 피렌체에 평화를 가져오는 일을 하라고 공동시장에 임명
된 자들이었지만 재임중 유혈과 폭력을 일삼았기 때문에 얼마
못가 축출되고 말았다.

 위선자의 구렁은 주로 종교와 관련되어 위선자로 저주
받은 자들이 수용된 곳이므로, 유대인 대제사장 가야
바가 대표가 되는 것은 자연스런 결론이다. 그는 땅바닥에 십
자가 형벌을 받아 만인이 영원토록 밟고 지나다닌다. 가야바
는 자기 도시의 이익을 위해 예수를 십자가에 매달아 죽이라
고 빌라도에게 권고했다. 버질은 이전에 지옥을 방문했을 때
는 가야바가 없었으므로 그를 보면서 신기해 한다.

위선자의 구렁에서 단테는 살아 있는 인간임이 또다시
드러닌디. 그가 말을 할 때 목의 움직임이 보였기 때문이다.
눈을 현혹시키는 위선자들의 옷은 사실은 고문도구다. 그들은
무거운 옷 때문에 공손하고 움츠러든 모습인데, 겉으로는 점
잖음과 성스러움을 가장하고 속으로는 악을 숨기던 이승에서
의 버릇이 지옥에서도 그대로 나타난 셈이다.

단테는 위선자들을 지옥의 아주 깊은 옥에 배치했다.
그들의 존재는 단테의 죄에 대한 정의를 다시 한 번 강조한다.

단테는 죄를 지성의 타락 또는 도착(倒錯)이라고 보았다. 그가 볼 때는, 신앙심이나 인내심이나 정직함의 허울을 쓰고 의도적으로 자신의 진짜 성격이나 감정을 숨기는 행위만큼 가증스러운 죄는 거의 없다.

제 24, 25 곡

도둑들의 구렁

비록 자기를 겨냥한 분노는 아니지만, 버질이 화를 내자 단테는 양떼를 먹일 풀밭을 구하지 못한 양치기처럼 난감하고 괴롭다. 그는 이제까지 스승 버질에게 모든 것을 의지했다. 물리적인 도움은 물론 영적 · 도덕적 지도와 후원을 받아왔는데, 이제는 기대할 수가 없게 된 듯 싶었다. 그러나 힐끗 버질을 다시 보는 순간 그것이 기우였음을 깨닫는다. 버질이 처음 만났을 때와 다름없이 차분한 모습으로 되돌아와 있었기 때문이다.

다음 다리로 올라가는 일은 큰 난관이다. 버질은 체중이 없어 쉽게 오를 수 있지만, 단테는 극도로 조심해야 한다. 미리 디뎌보고 안전한 곳만 밟아야 한다.

가까스로 6구렁의 꼭대기에 오르고 나니, 단테는 숨이 끊어질 듯 가쁘다. 그들은 다리께로 간다. 그 다리는 7구렁과 8구렁의 경계를 이루는 벽에 걸쳐져 있었고, 다리 밑에는 이상하게 생긴 뱀들이 무더기를 이루고 있다.

시인들이 다리를 건너가면서 7구렁을 내려다보니, 뱀과 죄인들이 뒤엉켜 있다. 여기는 도둑들이 벌을 받는 곳이다. 죄인들은 모두 벌거벗은 상태다. 뱀 한 마리가 무슨 끈처럼 한 죄인의 손을 뒤로 묶은 다음, 제 머리와 꼬리를 죄인의 사타구니 사이로 보내 다시 죄인의 몸뚱이를 감은 후, 몸 정면에 매듭을 짓듯이 고개를 들고 있다. 이때, 뱀 한 마리가 한 망령의 목을 깨물자 순식간에 불이 붙어 한 줌의 재로 변한다. 그러나 그 재는 다시 순식간에 원래 모습의 망령으로 돌아오고, 그 순간 다시 물려 불에 타는 고문을 반복해서 당한다. 그 망령은 마치 발작에서 깨어난 간질병 환자처럼 넋이 나간 모습이다.

단테는 그 망령에게 누구냐고 묻는다. 최근에 토스카나 지방에서 왔으며, 생전에 짐승처럼 살았노라고 대답하는 그 망령은 피스토이아 출신 반니 푸치였다. 단테는 죄목이 뭐냐고 묻는다. 왜냐하면 이승에서 그 자를 보았을 때 악한이라고 생각했었기 때문이다. 수치심에 가득 찬 망령은 이곳 도둑의 구렁에 빠진 것보다 단테에게 자기 모습을 보인 것이 더 괴롭고 마음이 상한다고 고백한다. 그리고는 모호한 말로, 단테가 소속된 정당이 장차 심한 고난을 겪을 것이라고 예언을 한다.

제25곡은 푸치의 말로 시작된다. 그는 상스런 손짓을 해가며 신을 모독하는 소리를 지껄인다. 켄타우르 중의 하나인 카쿠스가 일행에게 달려와 방금 신을 모독한 놈이 어디 있느냐고 묻는다. 버질은 단테에게 저 카쿠스는 헤라클레스의 가축을 훔친 도둑이기 때문에 켄타우르들이 모여 있는 제7옥의 플레게톤 강변에 함께 살지 못하고 제8옥의 이곳 도둑

의 구렁에 산다고 설명해 준다. 헤라클레스는 도둑질한 벌로 카쿠스를 몽둥이질 했는데 이미 죽은 후에도 죽은 줄 모르고 계속 때렸던 것 같다. 갑자기 뱀들이 푸치에게 기어오르고 화룡 한 마리가 그의 어깨에 올라앉는다.

켄타우르가 돌아가고 나자 죄인 셋이 나타나 염려스런 표정으로 치안파라는 죄인이 오지 않았느냐고 묻는다. 그 순간, 다리가 여섯 개 달린 도마뱀이 그 세 죄인 중 하나인 아넬로를 감아 조인다. 마치 직물을 짜듯 아넬로와 도마뱀이 뒤엉켜 양초가 녹아 붙듯이 일체가 된다. 이처럼 뱀과 아넬로가 하나의 괴물로 변하자, 나머지 두 죄인이 아넬로를 흉본다.

그때, 조그만 검은 괴물이 달려와 남은 두 명 중 하나의 배꼽 근처를 깨물자 그 둘 사이에 상호변신이 일어나, 괴물은 인간의 형상으로, 죄인은 괴물로 변한다.

: 풀어보기

주제 탐색 단테의 응보 주제에 따라 여기서도 죄에 맞는 벌이 주어진다. 일곱 번째 구렁에서 도둑들은 끊임없이 서로 상대방의 형상을 훔친다. 그리고 두 손은 영원히 뒤로 묶인 상태로 지내야 한다. 이승에서 항상 남의 것을 훔쳤던 응보로,

그들의 유일한 재산인 몸뚱이를 상대에게 도둑맞으며 영원히 살아야 한다.

인물탐색 ▶ 단테는 버질이 혼란스러워하며 약해지는 기미를 보이자 겁을 먹는다. 이성과 지혜의 상징인 버질에게 전적으로 의지해 오던 단테는 버질이 말라코다에게 속아 길을 잘못 들어 낭패스러워하자, 초조하고 겁이 날 수밖에 없다. 버질이 말라코다에게 속은 것은 인간 지혜의 한계를 의미한다. 단테는 이 사례를 통해, 인간은 오류에 빠지기 쉬운 불완전한 존재이며, 오직 신만이 완벽할 수 있다는 소신을 피력한 것이다. 물론 위대한 안내자이긴 해도 버질 역시 인간인지라 완벽할 수는 없다. 단테는 제24곡에서 위선자들의 구렁을 간신히 기어 올라오면서 너무나 인간적인 측면을 여실하게 보여준다. 그는 지옥에 속한 존재가 아니기 때문에 이 지옥 여행에 심한 피로를 느끼는 것이다. 다만 여행이 거의 끝나갈 무렵이니 천만다행이다.

문학적장치 ▶ 단테는 여기서도 예언이라는 형식을 동원해 정치적 시어를 전개한다. 일곱 번째 구렁에서의 주된 전개는 반니 푸치이다. 피체노 지역의 겔프 당 흑파인 그는 성물을 훔친 죄인이다. 중요한 것은 그가 이 구렁에 배치된 사실이 아니라 겔프 당 백파인 단테에게 던진 적대적인 예언이다. 피스토이아에서 전투가 일어나고, 백파의 패배로 끝날 것이라고 한다. 그런데 그 사건은 단테가 이 부분을 쓰기 이전인 1302년에 실제로 일어났던 일이다.

　뱀들이 푸치를 휘감아 안 보이게 하는 이야기 외에 제 25곡의 주된 사건은 피렌체 출신 5인의 도둑 이야기다. 이 도둑들에 관해서는 알려진 것이 거의 없지만 단테가 이들의 이름을 들어서 아는 것만은 분명하다. 이 도둑들은 영원히 서로 상대방의 모습을 훔치는 일을 반복한다.

　망령들이 뱀과 모습을 서로 바꾸는 장면은 그 묘사가 너무나 생생해 끔찍할 지경이다. 소름 끼치지만 눈을 뗄 수 없는 이 장면에서 단테는 악몽을 떠올리는 듯 하다가 결국은 할 말을 잃는다.

제 26, 27 곡

 모사꾼들의 구렁

제26곡은 단테의 고향 피렌체에 대한 열정적인 연설로 시작된다. 피렌체 출신자들이 지옥의 인구를 너무 많이 늘리고 있다. 이는 피렌체 시민들이 너무 많은 잘못을 저지르기 때문이다. 그리고 단테는 예언한다. 피렌체가 슬퍼할 날이 올 것이다. 그것도 가까운 장래에.

시인들이 여덟 번째 구렁에 다다르니, 수천 개의 작은 불꽃들이 보인다. 그 형상이 마치 산기슭에 떼 지어 날아다니는 반딧불이 같다. 단테는 다리 난간 밖으로 한껏 몸을 내밀어 내려다보다가 하마터면 아래 구렁으로 떨어질 뻔한다. 불꽃 하나하나마다 죄인이 하나씩 들어 있지만, 불에 둘러싸여서 안 보인다고 버질이 설명한다. 이 죄인들이 악의 모사꾼, 즉 재능과 지성을 악을 위해 사용한 자들이다. 단테는 자기도 불꽃 하나가 죄인 한 명을 수용하는 것으로 짐작했다면서, 수많은 불꽃 중 두 갈래로 불길이 타오르는 커다란 불꽃에 관심이 간다며 거기 들어 있는 죄인을 만나고 싶어 한다. 이 갈래진 큰 불꽃은 사실은 불꽃 두 개가 합쳐진 것인데, 그 속에는 오디세우스와 디오메데가 함께 들어 있다. 그들의 죄목은 세 가지. 트로이 목마를 이용해 매복 작전을 벌인 죄, 아킬레스에게 버림받은 데이다메이아 왕녀를 울린 죄, 그리고 팔라디움에서 팔라스 아테나[*] 여신상을 훔친 죄. 단테는 이탈리아인이므로, 두 그리스인 죄인이 혹

---

* **팔라스 아테나**(Pallas Athena): 지혜의 여신의 애칭. 팔라스는 빛나는 눈동자라는 뜻.

시 단테의 말투를 조롱할까 염려한 버질은 단테 대신 자기가 그들과 이야

기를 나누겠다고 나선다.

버질은 둘 중 큰 불꽃을 내고 있는 오디세우스에게 먼저 말을 건다.

오디세우스는 자기의 죽음에 관해 이야기하기 시작한다. 그는 방랑벽 때문에 친구 몇 명을 설득해 함께 긴 여행을 떠난다. 그들은 5개월간 항해한 끝에 헤라클레스의 기둥을 지나 거대한 산이 보이는 해안에 이른다. 그들이 그 산을 향해 다가가자 별안간 폭풍이 일어 배가 침몰한다.

　제27곡의 첫머리에서 버질은 오디세우스와 디오메데의 불꽃과 작별한다. 이때, 다른 불꽃 하나가 할 말이 있다고 접근하자 버질이 관심을 보인다. 귀도 다 몬테펠트로 백작의 망령을 담은 불꽃이다. 그는 자기 고향 로마냐가 지금 어떻게 돌아가고 있는지 궁금하다고 말한다. 단테가 나서서 로마냐는 싸움이 그칠 날이 없다며, 최근에 일어난 일을 들려준다.

　단테가 그의 이름을 알고 싶다고 하자, 단테를 망령으로 착각하고 이름과 간략한 이력을 말해 준다. 그는 본디 군인이었는데, 군 시절의 과오를 속죄할 양으로 프란체스코파 수사가 되었다. 그러나 '대사제'(교황 보니파시오 8세)가 그에게 적을 괴멸시킬 꾀를 마련해 달라는 청을 해왔고, 그는 다시 옛날로 돌아가 군인으로서의 죄를 짓기 시작했다. 그가 죽은 후, 성 프란체스코가 구원하러 왔었지만, 검은 마귀가 나타나 자기 장부에 가증스런 악의 모사꾼으로 기록되어 있다며 이곳으로 데려왔다는 것이다.

　백작의 하소연을 듣고 난 시인들은 아홉 번째 구렁, 불화의 씨를 퍼뜨린 자들이 있는 곳으로 떠난다.

문학적 장치 제26곡의 시작에서 단테는 또 하나의 정치적 예언으로 정치 주제와 지옥 이야기를 엮어서 전개시킨다. 단테는 고향 피렌체에 대한 그의 어두운 예언이 정말로 이루어지기를 원했다. 왜냐하면 고향으로부터 유배당한 상태에서 「지옥편」을 썼기 때문이다. 그리고 말이 예언이지 사실은 과거지사를 예언의 형식을 빌려서 쓴 것에 불과하다.

주제 탐색 여덟 번째 구렁의 죄인들이 받는 응보 역시 살아서 저지른 죄에 딱 들어맞는다. 그들은 (특히 종교지도자들에 대한) 악의 모사꾼이었다. 그들은 신이 준 재능을 잘못 사용한 것이다. 그들은 은밀하게 일을 꾸몄으므로, 양심의 가책을 상징하는 불꽃 속에 숨어 모습을 드러내지 말아야 한다.

제26곡에서 가장 극적인 사건은 오디세우스와의 만남이다. 오디세우스와 디오메데는 당대에는 그들의 행위가 정당화되었을 뿐만 아니라 칭송의 대상이었던 점에 유의하기 바란다. 오디세우스는 트로이군을 멸망시킨 트로이의 목마 전략을 창안해냈고, 결과적으로 로마 건국의 아버지인 아이네아스를 피난민으로 만들었다. 바로 이 점 때문에, 로마제국에 과도한 애정을 가진 단테는 오디세우스의 행위를 악으로 본다. 그러나 다른 시인은 그것을 큰 덕으로 볼 수도 있다. 오디세우스가 단테에게 악의 모사꾼으로 판정을 받아 벌을 받는 데는 두 가지 이유가 더 있다. 아킬레스를 꼬드겨 여행을 떠나게 해서 데이다메이아를 상심해 죽게 만든 일, 그리고 팔라디움에서 팔라스 아테나의 동상을 훔쳐내 트로이의 멸망을 확실하게 만든 일이다.

버질이 단테에게 오디세우스나 디오메데와 대화하지 말라고 한 것은 중요한 의미가 있다. 이는 단테가 이탈리아어를 쓰기 때문에 오디세우스와 디오메데 두 망령이 그를 아이네아스의 후손으로 인식하고 몰락한 트로이인의 후손과 연관 지을까봐 그런 것이다. 버질은 그들을 칭송한 시인으로 이미 이름이 났으므로, 단테보다는 자기가 대화를 나누는 편이 더 낫다고 생각한 것이다. 뿐만 아니라, 단테는 그리스어를 못한다. 그런데 그가 어떻게 오디세우스의 말을 알아듣는지에 대해서는 설명이 없다.

단테는 다시 종교적 주제로 돌아가서, 제27곡에서 타락한 수도사 귀도 다 몬테펠트로 백작과 대화를 나눈다. 이 자는 교황 보니파시오 8세의 상담역을 했던 악의 모사꾼이다. 단테는 교황 보니파시오 8세가 악한이라는 믿음을 「지옥편」 이곳저곳에서 강조하고 있는데, 여기서도 예외가 아니다. 그러나 정작 보니파시오 8세는 아직 지옥에 와 있지도 않다. 단테가 지옥 여행길에 오른 서기 1300년의 부활절 당시 보니파시오 8세는 엄연히 살아 있었다.

 제26곡과 제27곡에서는 많은 상징과 은유가 등장한다.
아마 「지옥편」 전체 어느 곡에서보다 많이 쓰였을 것이
다. 우리는 그 언어에 주목할 필요가 있다. 대서사시가 본궤도
에 오른 이 시점에서 단테는 시인으로서 더욱 훌륭하고 치밀
해져서 명확하고 독창적인 시를 만들어내고 있다. 예를 들면,
오디세우스의 목소리는 이 작품의 다른 어떤 인물들보다 힘
있고 우렁차다. 오디세우스의 마지막 항해에 관한 단테의 서
사시는 최고의 시문학 작품으로서, 「지옥편」에서 가장 두드러
지는 대목 가운데 하나라고 할 수 있다.

이 곡의 이야기는 물론 단테의 창작이지만 그 자체가
아름다울 뿐만 아니라 소재를 다루는 솜씨에 점점 자신감이
붙어가고 있음이 엿보인다. 오디세우스의 대사는 단테가 아
닌, 오디세우스 자신의 말이다. 이 점에서 프란체스카의 대사
와 좋은 대조가 된다. 오디세우스의 이야기는 노련하고 용감
한 선원의 입에서 나오는 꾸밈없는 투박한 체험담으로서 독자
들을 사로잡는 매력이 있다.

제 28 곡

불화와 추문의 씨를 퍼뜨린 자들의 구렁

이 곡은 아홉 번째 구렁의 죄인들이 겪는 참상을 어떻게 표현해야 할지 모르겠다는 말로 시작된다. 제8옥의 아홉 번째 구렁은 불화와 추문의 씨앗을 뿌린 자들, 교황제 아래서 종파분열을 획책한 분열주의자들을 벌하는 곳이다. 이곳의 응보는 유혈이 낭자하고 기괴하기가 이를 데 없다. 죄인들은 마귀를 만날 때까지 걷다가 마귀를 만나면, 긴 칼로 후려 맞는데 그 정도는 죄질에 따라 차이가 있다.

단테가 처음 만나는 죄인은 마호메트이다. 마호메트는 사위 알리[*] 역시 마찬가지 상태이고, 이곳의 모든 사람들은 처참하게 난도질당하며 지낸다고 말한다. 그들은 몸뚱이가 토막 난 상태로 구렁을 걷다보면 원상 복구되지만, 곧 다시 마귀를 만나 새로이 난도질당하기를 반복한다.

마호메트는 이곳의 죄인들은 추문과 불화를 일으킨 책임자들이므로, 생전에 사람들을 갈라놓고 분열시킨 죄 값으로 몸이 분리되는 벌을 받고 있다고 설명한다. 그리고 단테에게 아직 살아 있는 자기 친구, 프라 돌치노[**]에게 겨울 식량을 저장해라, 안 그러면 이 구렁에 떨어질 것이라고 전해 달라고 하고는 다시 제 갈 길을 간다.

---

[*] **알리**(Ali. 600-661): 이슬람의 제4대 칼리프. 시아파의 초대 칼리프로 알려져 있다.

[**] **프라 돌치노**(Fra Dolcino): 북이탈리아에서 천여 명의 무장추종자를 거느리고 교황의 군대를 상대로 전투를 벌인 인물. 그와 그의 군대는 패배하고 도륙된다.

　　이번에는 다른 망령이 단테에게 접근하더니, 귀도와 안지오렐로에게 외눈박이 배반자(말라테스티노[*])에 의해 배에서 내던져져 죽게 될 것이라는 경고를 전해 달라고 부탁한다. 그러자 단테는 반역자의 나라를 보았다는 망령을 소개해 주면 이승에 돌아가서 그의 부탁을 전하겠노라고 대답한다.

　　반역자의 나라를 본 망령은 바로 단테 곁에 있지만 혀가 뽑혔기 때문에 말을 못한다. 바로 쿠리오이다. 그가 꼬드기는 바람에 카이사르가 루비콘 강[**]을 건넜고, 그 결과 전쟁이 일어났던 것이다.

　　세 번째 망령 모스카 데이 람베르티[***]가 자기도 기억해 달라고 소리치자, 단테는 너희 가문 모두가 멸망하기를 바란다고 말한다. 모스카의 망령이 미친 듯이 달아난다.

　　머리가 없는 망령이 제 머리통을 마치 등불인 양 받쳐 들고 단테 앞으로 걸어온다. 망령은 말을 할 때 잘 들리도록 꼭 자기 머리통을 쳐든다. 그는 버트란드 드 본이라고 자기를 소개한다. 그리고는 자기가 왕자를 꼬드겨서 부왕에게 반기를 들게 했다고 말하고, 이처럼 생전에 아버지와 아들을 갈라놓았기 때문에 영원히 머리와 몸통이 따로 있을 수밖에 없다고 덧붙인다.

---

[*]　**말라테스티노**(Malatestino): 귀도와 안지오렐로를 리미니로 초대하고 도중에 선원들을 시켜 바다에 빠뜨려 죽인다.

[**] **루비콘 강**(the Rubicon): 이탈리아 북부에 있는 강. 당시 갈리아와 로마제국의 국경이었다.

[***] **모스카 데이 람베르티**(Mosca dei Lamberti): 피렌체를 겔프 당과 기벨린 당으로 분열시킨 원인을 제공한 자.

주제탐색 　신의 응보는 「지옥편」 전체의 일관된 주제다. 아홉 번째 구렁의 죄인들인 불화의 씨를 뿌린 자들은 잔인하게 몸뚱이가 동강난 채로 지내야 한다. 그들은 생전에 종교, 정치, 혈족 내부에 불화를 일으켜 분열시켰기 때문이다. 각 죄인마다 죄질에 따라 고통의 정도가 다른 벌이 내려진다. 예를 들면, 쿠리오는 가증스런 충고를 했기 때문에 혀가 뽑혔고, 버트란드 드 본은 부자지간을 이간시켰기 때문에 머리와 몸이 분리되어 지낸다.

주제탐색 　단테는 마호메트를 기독교와 이슬람교의 분열 주범으로 보고 있는 게 분명하다. 단테는 마호메트의 계승자 알리도 마호메트 못지않게 나쁘게 본다. 단테는 이들 두 망령이 몸뚱이가 쪼개지고 동강난 상태로 지내는 모습을 묘사하는데 이는 그들이 교회를 분열시켰다고 판단했기 때문이다. 다음 세 명의 죄인들은 정치적인 불화의 씨를 뿌려, 그에 합당한 벌을 받는 자들이다. 특히, 모스카는 양 팔이 잘리는 벌을 받는다. 그는 약혼서약을 깨뜨린 청년을 죽여버리라고 권고했다. (단테가 살던 시대에는 약혼은 결혼과 다름없는 서약이다.) 그의 조언에 따라 청년을 죽임으로써 양쪽 가문에 오랜 원수 관계가 발전해 결국 피렌체는 겔프 당과 기벨린 당으로 분열된다. 이 정치적 분열의 희생양으로 유배생활을 해야 했던 단테가 모스카를 그렇게 잔인하게 벌한 것은 놀랄 일이 아니다. 끝으로, 버트란드 드 본이 목이 잘린 벌을 받는 것은 가족 간의 불화에 화근이 되었기 때문이다.

이상하게도, 단테는 버트란드 드 본에 대해서는 지옥의 가장 밑바닥에 가까운 중죄인임에도 불구하고 그다지 잔인하거나 기괴하게 묘사하지 않는다. 그 앞의 죄인들, 특히 마호메트를 비난하는 데 잔혹성을 소진해 버린 느낌이 있다.

제 29, 30 곡

  위조자들의 구렁

　제8옥의 아홉째 구렁에 도착한 단테는 좀더 머물며 망령들이 고통받는 광경을 자세히 관찰하려 하지만 버질이 길을 재촉한다. 단테는 버질에게 지금 이곳에 와 있음직한 친척 하나를 찾는 중이라고 말한다. "제 핏줄 하나가 여기 저주받은 자들 가운데 있을 것 같습니다." 단테는 행여나 이 친척을 만날 수 있을까 해서 지체하는 중이라 버질이 좀더 기다려주었으면 하는 마음이다.

　버질은 단테가 찾는다는 친척의 망령을 조금 전 다리를 건너올 때 보았노라고 한다. 그러면서 게리 델 벨로라는 그 망령은 다리 밑에서 단테를 보자 손가락을 흔들며 위협적인 손짓을 하더라고 말한다. 그제서야 단테는 게리 델 벨로가 피살당했지만 단테의 가문 누구도 그의 원수를 갚아주지 않았음을 상기한다. 단테는 그 친척에게 미안한 마음을 표시한다.

　버질과 단테가 대화를 주고받으며 걷는 사이, 제8옥의 마지막 구렁인 열 번째 구렁으로 건너가는 다리에 도착한다. 여기서 그들은 위조자들이 괴로워하며 우는 광경을 내려다본다. 그 소리가 어찌나 시끄러운지 단테는 귀를 틀어막는다. 그리고 시체 썩는 냄새 같은 악취가 진동한다.

　단테는 이곳의 참상이 이승의 3개 도시의 병원 환자들을 합쳐놓은 것보다도 더 비참하다고 비유한다. 망령들은 전염병이나 기타 질병으로 죽어가는 사람들처럼 누워 있다. 어떤 자들은 누워서 가쁜 숨을 몰아쉬고, 어떤 자들은 서로 기대 있고, 어떤 자들은 서로 상대방의 옴딱지를 마치

생선 비늘을 벗기듯 떼어내고 있다.

버질은 서로 딱지를 뜯고 있는 망령 둘 사이에 끼어들어 혹시 이탈리아인(라틴인)이 있느냐고 묻는다. 그들 중 하나가 자기들 모두 이탈리아인이라고 대답한다. 버질이 자신과 단테가 지옥에 온 경위를 밝히자 그 망령들도 자기들 내력을 이야기한다. 그들 중 하나는 아레조 출신으로 시에나의 알베로와 농담을 하다가 하늘을 나는 재주가 있다고 거짓말을 한 죄로 화형을 당했다고 말한다. 그러나 자기가 이 구렁에 떨어진 이유는 그 거짓말이 아니라 위조범의 일종인 연금술사였기 때문이라고 얘기한다. 다른 하나는 단테의 학창시절 친구인 카포키오이고, 역시 연금술을 한 죄로 1293년에 화형당한 자였다.

제30곡은 신화를 길게 인용해 어둠 속에서 갑자기 나타나 날뛰는 두 망령을 은유적으로 묘사하는 것으로 시작된다. 이 두 망령 중 하나가 갑자기 카포키오를 덮친다. 이를 보자 아레초 출신 연금술사가 설명해 준다. 카포키오를 덮친 망령은 잔니 스키키인데, 이미 죽은 인물로 가장해 그 사망자가 아직 살아 있는 것처럼 가짜 유언을 해서 이익을 얻은 자다. 다른 하나는 미라라는 여자의 망령인데, 타인으로 변장하고 아버지 침실에 들어가 불륜을 저질렀다. 그 불륜이 탄로 나자 미라는 나무로 변해 버렸고 후에 그 나무둥치로부터 아도니스가 태어났다는 것이다. 이들은 이른바 악한 가장자(假裝者)들로, 미쳐 날뛰다가 다른 망령을 덮치는 벌을 받았다. 한 망령이 다른 망령을 덮치면 그 망령이 미쳐 날뛰다가 또 상대방 망령을 덮치는 식으로 언제까지고 번갈아가며 상대방을 덮치며 지내는 저주다.

시인들이 만난 다음 위조자는 위조화폐의 대가 아다모이다. 그는 합금으로 금화를 만들다가 그 벌로 화형을 당했다. 이 자는 이동하지 못하고 제자리에 서 있어야 하는 벌과 함께 몸뚱이가 허리께까지 물에 차 있건만 극심한 갈증에 시달려야 하는 벌까지 받고 있다. 그는 단물이 흐르는 아르노 강 강둑을 상상한다고 말한다.

끝으로, 시인들은 마지막 유형의 위조자들을 만난다. 그리스인 시논이 그 대표자다. 그는 트로이인들을 속여 트로이의 목마를 성 안으로 끌어들이도록 만들어 그리스군에게 트로이가 멸망하게 한 인물이다. 그들은 또한 거짓으로 요셉을 모함한 보디발[*]의 아내도 만난다.

위조화폐범 아다모와 시논은 서로 주먹질을 하며 상대에게 더 중죄인이라고 욕을 해댄다. 시논은 자기는 한 번밖에 죄를 짓지 않았지만, 아

---

[*] **보디발**(Potiphar): 구약 창세기. 요셉을 관직에 천거한 이집트 대신. 요셉을 유혹하려다 실패한 그의 아내는 오히려 요셉이 자기를 유혹했다고 모함했다.

다모의 경우는 금화 한 개가 한 건의 죄이므로 수천 건의 죄를 지은 자라고 주장한다. 단테가 그들의 언쟁에 정신이 팔려 재미있게 구경하자, 버질이 심하게 나무란다. 단테는 부끄러워 아무 말도 못한다. 단테의 속내를 눈치 챈 버질은, 지금보다 더 큰 잘못을 저지르더라도 지금처럼 심하게 수치스러워하지 않아도 된다고 위로해 준다. 그러나 그따위 하찮은 이야기에 귀를 기울이는 것은 천박한 짓이라며 단테의 수양 부족에 일침을 가한다.

단테 시대에는 친척의 죽음에 대한 복수는 하나의 전통이자 법적 권리이기까지 했었다. 단테가 「지옥편」을 쓸 당시에는 델 벨로의 복수가 아직 이루어지지 않은 상태였다. 그 복수는 30년 후에야 '목숨에는 목숨으로'라는 그 시대의 준칙에 따라 델 벨로의 조카에 의해 이루어졌다.

버질은, 아래 지옥으로 내려갈수록 마음을 모질게 먹어야 함에도 불구하고 단테가 아홉째 구렁에서 슬퍼하고 지체하자 나무란다. 지금 이 시점에서는 감정을 표출할 겨를이 없다. 시간이 점점 부족해지고 있다. 버질은 야단을 쳐서라도 단테를 빨리 이동시켜야 한다. 그러나 단테는 그의 동정심이 죄인의 운명을 바꿔주지 못하고, 기껏 해야 이승에 돌아가 그 죄인을 기억해 주는 정도에 불과하며, 경우에 따라서 단테와의 대면이 그 죄인에게는 고통을 더해 줄 뿐이라는 사실을 깨달을 시기가 되었음에도 불구하고, 살아 있는 인간인지라 여행중 상황에 따라 감정이 자주 바뀐다.

제8옥의 마지막 열 번째 구렁에는 위조자들이 수용되어 있다. 다른 옥의 죄인들과 마찬가지로, 그들 역시 응보의 고통을 겪는다. 그들은 거짓된 자신이나 사물을 타인에게 보여줌으로써 타인의 의식과 감각을 마비 또는 타락시킨 자들이므로 그들 자신의 의식과 감각을 마비시키거나 타락시키는 영원한 징벌을 받는다. 예를 들어 더러움, 갈증, 질병, 악취, 어두움, 소름끼치는 외침, 육체적 고통 등, 그들이 이승에서 타인에게 저질렀던 해악을 지옥에서 고스란히 되돌려 받고 있는 것이다. 제30곡에 나오는 두 미치광이의 신화는 이곳 열 번째 구렁에서 갑자기 나타나는 두 미치광이 죄인과 결부되거나 닮은꼴이다.

다른 곳에서처럼 단테는 위조의 죄를 네 가지로 분류하고, 각 종류별로 그 대표자를 내세워 말을 하게 한다. 여기서 중요한 것은 단테가 같은 위조범들인데도 이들을 차등화시키고 있다는 점이다. 그는 타인을 가장 덜 해치는 위조에서부터 가장 심하게 해치는 위조에 이르기까지, 네 등급으로 분류했다. 그리고 역시 다른 옥의 죄인들처럼 해악의 정도에 따라 응보도 차별을 두어, 같은 구렁에 들어 있으면서도 해악이 클수록 지옥의 아래쪽 중심에 가깝게 깔려 있도록 배치했다.

흥미로운 것은 이 구렁에서 자기 이력을 이야기하도록 허락받은 죄인들은 종교나 정치와 거의 관계가 없지만, 보는 사람에 따라서는 어떤 식으로든 양쪽에 모두 연관되어 있다고 주장할 수도 있다. 버질은, 신은 모든 죄 가운데서 악의를 가지고 행한 죄를 가장 경멸한다고 말한 바 있다. 우리는 이 말을 기억해야 한다. 열 번째 구렁의 죄인들은 분명히 악의의 죄를 범했다. 그들은 자신이 무슨 일을 하는지 정확하게 알면서도 의도적으로 그 죄를 저질렀던 것이다.

이 곡에서는 죄인들이 당하는 고통의 원인이 다른 곡들과는 다르다. 이곳에서의 고통은 외부의 타격이나 외부 환경이 주는 영향 때문에 생기는 것이 아니라, 자기 내부의 조직적인 감염이나 질병에서 온다. 연금술사는 문둥병을 앓고, 타인을 가장한 자들은 발광하고, 위조지폐꾼들은 수종을 앓고, 거짓말쟁이들은 열병으로 악취를 낸다. 이를테면, 그들은 그들의 몸과 마음이 오염되어 고통을 당하는 것이다. 그들이 생전에 가졌던 오염된 가치의식이 지옥에서는 오염된 몸과 마음의 상태로 상징화되어 있다.

이 옥을 떠나기 바로 전, 버질은 잠시지만 엄하게 단테를 나무란다. 이는 단테를 대하는 태도가 달라져 있음을 다시 한 번 보여주는 대목이다. 그러자 단테는 즉시 심한 수치심을 느낀다. 단테의 감정변화 역시 앞의 옥들에서는 없

었던 일이다. 두 망령(사전꾼 아다모와 그리스인 시논)이 다
투는 소리를 들으며 구경하다가 버질에게 꾸중을 듣는 순간,
비로소 죄의 본질을 깨닫고 역겹게 생각하기 시작했기 때문이
다. 버질은 단테가 곧바로 심한 수치심을 느끼는 낌새를 알아
차리고 마음을 놓는다. 물론 버질도 인간의 이성이 오류에 빠
지기 쉽다는 것을 인정하고, 단테가 비슷한 실수를 또 저지를
수도 있다고 지적한다. 그럼에도 불구하고 단테에게 엄하게
구는 것은 부지런히 관찰해 빨리 깨달음을 얻게 하기 위해서다.

제 31 곡

  10구렁을 지나 마지막 제9옥으로

　두 시인은 제8옥이 끝나는 마지막 10구렁의 바위 비탈 꼭대기로 올라가 마지막 옥인 제9옥을 향하여 접근하기 시작한다. 제9옥은 거대한 검은 구멍이다. 그 속은 얼음과 혹한으로 가득 차 있고, 루시퍼가 날개를 퍼덕여 강풍을 일으키고 있다. 단테의 눈에 멀리 탑들이 솟아 있는 도시 같은 것이 보인다. 버질은 착시현상이라며, 탑이 아니라 제9옥 얼음 구덩이로 들어가는 입구의 샘 가장자리에 못이 박혀 있듯 허리께까지 물에 잠겨서 있는 거인들이라고 알려준다. 아닌 게 아니라, 점점 다가갈수록 거인들의 윤곽이 뚜렷하게 드러나기 시작한다. 대자연이 이런 거대한 괴물의 생산을 중단한 것을 보면 과연 현명하다는 것을 알 수 있겠다고 단테는 말한다. 거인들 가운데 하나는 바벨탑의 건설자 니므롯이다. 그는 남이 알아들을 수 없는 무의미한 말을 지껄이고 있다. 버질은 니므롯을 꾸짖고, 우둔한 자라고 조롱하며 목에 걸린 뿔피리나 불라고 명령한다. 니므롯은 영원토록 뭔가 떠들어대는 업보를 받았다. 그는 남의 말을 알아듣지 못하고, 남은 그의 말을 알아듣지 못한다.

　시인들이 만난 두 번째 거인은 에피알테스이다. 그는 다른 거인들과 연합해 신에게 대항하려 했었다. 그는 온몸이 쇠사슬로 다섯 겹이나 감겨 있다. 단테는 누가 저 거인을 쇠사슬로 감았을지 궁금하다. 에피알테스가 몸을 앞뒤로 흔들자, 지진이 난 듯 땅이 흔들린다. 단테는 와락 겁이 난다.

　시인들이 만나는 세 번째 거인은 안타이오스이다. 버질은 안타이오

스에게 그가 이승에서 보여준 힘과 행동을 칭찬한다. 이 아부를 미끼로 그들은 안타이오스의 손바닥에 올라 앉아 지옥의 마지막 옥인 제9옥, 일명 코치투스의 밑바닥까지 손쉽게 내려간다. 단테는 그 거인이 자기를 해칠까봐 잔뜩 겁을 먹지만, 안타이오스는 두 시인을 마지막 옥 바닥에 안전하게 내려놓는다.

: 풀어보기

주제 탐색 다른 곡들과 달리, 죄인과 그에 대한 응보는 이 곡에서는 주요 관심사가 아니다. 그런데 이 옥의 경비원으로 배치된 거인들 중 최소한 두 명에 대해서는 쉽게 납득이 간다. 바빌론의 전설적인 왕 니므롯은 하늘에 닿아보려고 바벨탑을 쌓다가 언어의 혼란이 일어나는 바람에 좌절되었다. 그 벌로, 이 거인은 영원토록 자신도 남도 알아듣지 못하는 언어를 지껄이고 있다. 두 번째 거인 에피알테스는 넵튠의 아들이다. 그는 신들과의 전쟁을 시도했다가 그 벌로 꼼짝달싹 못하게 묶여 있다. 세 번째 거인 안타이오스는 여러 차례 살인을 저질렀기 때문에 그곳에 와 있다. 원래는 살인자의 옥인 제7옥에 가야 하지만 거인이기 때문에 이곳에 있다. 안타이오스는 넵튠(바다)과 텔루스(땅) 사이에 태어난 아들로서 땅, 즉 어머니를 디디고 있는 한 천하무적이기 때문에 헤라클레스는 그의 머리를 들어 몸뚱이를 공중에 띄운 다음에야 겨우 목을 졸라 죽였다. 그러나 그는 다른 거인들처럼 신에 대한 반역을 꾀하지는 않았기 때문에 쇠사슬에 감겨 있지는 않다. 이 점만 보아도 제9옥 역시 죄질이 나쁠수록 형벌이 가혹해진다는 것을 알 수 있다.

이 곡은 사탄이 머물고 있는 마지막 옥, 코치투스로 내려가는 중간 여정의 역할을 하는 동시에 코치투스의 구조를 소개하는 기능도 한다. 거인들은 단테가 상대해야 하는 또 하나의 공포의 대상이다. 이 거인들은 인간성의 가장 나쁜 측면—힘센 자가 열정에 이성을 잃고 그 힘을 잘못 사용하는 경우—을 상징하는 것으로도 볼 수 있다. 그래서 단테는, 대자연이 이런 자들의 생산을 중단한 것은 참으로 잘한 결정이라고 말한다.

제9옥 코치투스의 거인들은 제8옥으로 치면 입구를 지키는 타락한 천사들에 해당한다. 타락한 천사나 거인 모두 경계를 지키는 보초이면서 아래쪽 지옥으로의 연결고리 역할을 하는 점에서, 그리고 둘 다 신에게 반기를 든 무리라는 점에서 유사하다. 낮은 지옥에서 벌을 받는 죄는 모두 시기와 자만심이 바탕에 깔려 있다. 이 곡은 거인들의 자만심을 다루는 곡인 동시에 거인의 야수적인 힘과 악한 의지에 인간 지성이 가세할 때 발생하는 악의 극단에 관해 설명하는 곡이다.

제 32, 33 곡

카이나, 안테노라, 톨로메아

지금까지 단테는 지옥에 있는 망령들의 고통을 덜어주는 데 도움이 될 운문을 추구했으나, 제32곡부터는 '이 가증스런 소굴에 적절한 거칠고 조악하고 난폭한 운문'(하여 세이어 번역본의 표현)을 동원해 끔찍한 곳 지옥의 맨 밑바닥, 가장 가증스런 죄인을 가두는 제9옥을 그려낸다.

한 망령이 단테에게 얼어붙은 호수면 위에 그루터기처럼 솟아 있는 자기 머리를 밟지 않도록 조심하라며 소리친다. 그제야 단테가 둘러보니 죄인들이 죄의 경중에 맞춰 얼어붙은 호수면 위로 머리를 내밀고 있다. 단테와 버질은 지옥의 마지막 옥, 코치투스에 와 있다. 코치투스는 4개의 원으로 되어 있는데, 지금 이곳은 첫 번째 원인 카이나이다. 죄인들은 고개를 숙인 상태에서 이빨을 딱딱 마주치며 절규한다.

단테가 쳐다보니, 두 죄인이 서로 꽉 맞붙어 있다. 단테가 누구냐고 묻지만, 그 둘은 대답하지 않고 염소처럼 서로 머리를 치받기만 한다. 그러자 양쪽 귀가 얼어서 떨어져나간 옆의 다른 망령이 그늘은 형제간[*]인데 카이나 전체에 이런 벌을 받는 자는 이들뿐이라고 대답하면서 형제의 이름은 물론 자기 이름까지 알려준다.

단테는 옥의 가운데로 이동하는 과정에서 자기도 모르게 어떤 망령

---

[*] 비센치오 골짜기에 많은 영지를 가졌던 알베르토의 두 아들로, 유산 다툼을 벌이다가 둘 다 죽었다. 귀가 떨어져나간 옆의 망령은 알베르토 카미치오네로, 친척인 우베르티노를 죽인 자. 역자 주.

의 머리를 발로 차게 된다. 그러자 그 망령이 고함을 치며 왜 내 고통을 더 심하게 하느냐고 따진다. 단테는 버질에게 그 죄인과 잠시 이야기하게 해달라고 청해 허락을 받는다. 그 죄인은 단테에게 내가 누구라고 생각하기에 제9옥의 두 번째 원 안테노라에서 함부로 걷어차느냐며 항의한다. 단테는 망령에게 이름을 말하면 이승에 돌아가서 그를 변명해 주겠다고 대답한다. 망령이 응하려 하지 않자, 단테는 망령의 머리칼을 한 줌 움켜잡으며 대답하지 않으면 뽑아버리겠다고 위협한다. 망령은 머리칼이 다 뽑혀 민대머리가 되는 한이 있더라도 대답하지 않겠다며 버틴다. 근처에 있던 다른 죄인이 그 죄인의 이름이 보카라고 일러준다. 보카는 제 이름이 밝혀지자 태도를 바꿔 단테가 그만두라고 할 때까지 안테노라에 있는 다른 죄인들의 이름을 연달아 주워섬긴다.

보카를 뒤로 하고 길을 떠난 단테는 둘이 붙은 상태로 하나가 다른 하나의 뒷덜미를 뜯어먹고 있는 두 죄인을 만난다. 단테는 그들에게 이승에서의 이야기를 해줄 용의가 있으면 해보라고 주문한다.

제33곡은 그 두 죄인의 이야기로 시작한다. 상대방을 뜯어먹는 자는 우골리노 백작이고, 뜯어 먹히는 자는 루지에리 대주교다. 루지에리 대주교는 우골리노 백작과 네 아들을 탑에 가두고 문에 못질을 해서 모두 굶어 죽게 한 자다. 우골리노는 네 아들이 하나씩 굶어 죽어가는 모습을 지켜보아야만 했다. 그는 아들이 한 명씩 죽을 때마다 루지에리에 대한 증오심이 배가되었다고 한다. 대강 이런 내용의 이야기를 끝낸 우골리노는 다시 루지에리를 뜯어먹기 시작한다.

시인들이 다시 이동해서 보니, 그곳에서는 망령들이 얼음 속에 수직으로 서 있지 않고 얼굴만 간신히 얼음 밖으로 내민 채 누워 있다. 눈물이 얼어 투명한 눈꺼풀처럼 눈구멍에 매달려 있다. 단테는 추위를 느끼기 시작한다. 얼음 위로 바람이 분다. 버질은 어디서 바람이 오는지 곧 알게 될 것이라고 말한다.

제9옥의 세 번째 원 톨로메아의 얼음 속에서 얼굴만 간신히 내밀고 있는 망령 하나가 단테에게 자기 눈을 덮고 있는 얼음 눈꺼풀을 떼어달라고 사정하면서, 그렇게 해주면 잠시라도 편히 울 수 있겠노라고 말한다. 단테는 그 망령이 이름을 밝히면 도와주겠다고 약속한다. 그러나 만일 도와주지 않는다면 그건 자기가 얼음 밑창까지 내려가야 하기 때문이라고 말한다. 망령은 그러라고 하면서 자기가 생전에 수도사 알베리고였다고 고백한다.

알베리고가 아직 이승에 버젓이 살아 있다는 것을 잘 아는 단테는 놀라움을 금치 못한다. 알베리고는 자기 죄가 너무 끔찍해서 죄를 짓는 순간, 영혼이 육체를 떠나 망령이 되어 톨로메아에 떨어졌고, 이승의 육체는 자기 영혼 대신 마귀가 들어앉아 지배하고 있다고 자초지종을 들려준다. 단테의 놀라움과 의문이 풀린다. 그리고는 같은 처지가 된 다른 망령의 이름까지 가르쳐준다. 단테는 알베리고가 아무리 정말이라고 확신을 주려고 해도 믿으려 하지 않는다. 단테는 너, 알베리고에게는 약속을 어기는 것이 예의라고 하면서 얼음 눈꺼풀을 떼어내 주지 않는다. 단테는 이 죄인과 관련해 제노바 시민들에게 탄원한다. 너희는 너희들 가운데 마귀를 거느리고 있으니, 나는 너희들이 모두 이승에서 축출되기를 바라노라.

문체 탐색 단테는 처음 지옥 여행을 시작할 때처럼 뮤즈들에게 자기가 본 것을 정확하게 기술할 수 있도록 도와달라고 다시 한 번 발원한다. 이번 기원은 앞서보다 더 길고 간절하다. 이제부터는 여행이 거칠고 무시무시할 것임을 알고는 묘사와 사실 사이에 거리가 없도록 해주기를 기원하는 것이다.

시인 단테는 시라는 고상한 예술은 이런 무시무시한 곳의 공포를 묘사하는 데 적절치 않다는 것을 잘 안다. 시는 난폭하거나 신경을 거슬리거나 저속한 소리나 말을 표현하는 예술이 아니다. 따라서 시어로써 이 끔찍한 곳을 잘 표현하게 해달라고 시의 여신 뮤즈들에게 특별히 부탁을 올린 것이다.

주제 탐색 제32, 33곡은 제9옥의 지리에 관해서도 설명한다. 이 옥은 반역자들을 벌하는 곳으로, 4개의 원으로 나뉘어 있다. 첫 번째 원, 카이나는 친족에게 반역한 자들을 수용한다. 카이나는 동생 아벨을 죽인 카인에서 유래한 명칭이다. 독자들은 제5곡에서 프란체스카가 자기 이력을 이야기하며, 카이나가 그녀와 파올로를 죽인 자를 기다린다고 한 말을 상기하기 바란다. 단테는 서로 맞붙어 있는 형제를 보는데, 이승에서 유산을 둘러싸고 다투다가 서로를 죽인 자들이다.

두 번째 원, 안테노라는 조국 트로이를 배반하고 그리스 편을 들었다고 전해지는 트로이 장수 안테노르에서 유래한 명칭이다. 이곳에는 조국에 반역한 자들을 수용한다. 여기 죄인들은 머리만 위에 내놓은 채 온몸이 얼음 속에 박혀서 꼼짝달싹 못한다. 그 중의 하나인 피렌체인 보카는 단테의 정치적 주제를 표현하는 소재가 된다. 그리고 단테의 정치적 주제에 기여하는 또 다른 수용자로는 우골리노(겔프 당)와 루지에리(기벨린 당)가 있다. 두 죄인은 공모해서 겔프 당의 한 분파를 탈취하려 했었다.

세 번째 원은 톨로메아이다. 이곳은 손님 또는 주인에게 반역한 자들을 벌하는 옥이다. 톨로메아는 여리고의 지도자였던 톨로메이에게서 따온 명칭이다. 톨로메이는 대제사장 시몬 마카베의 사위였는데, 장인과 처남들을 연회에 초대해 놓고는 무참히 죽여 버린 자다. 이곳 죄인들은 머리만 얼음 위로 내민 채 나머지 몸은 얼음 속에 누운 자세로 있어야 한다. 단테는 톨로메아에서 손님에게 너무나 반역적인 죄를 범했기 때문에 그 즉시 영혼이 이곳으로 떨어지고, 영혼 대신 마귀가 몸속에 들어가 이승에 여전히 살아 있는 것처럼 행세하는 두 죄인을 만난다. 하지만 이런 식의 징벌은 참회를 통해 구원의 은혜를 얻는다는 단테의 종교 이론과는 배치된다. 물론, 이들의 죄는 즉시 저주받아 마땅할 정도로 악독하지만 이렇게 되면 이들에게는 참회할 기회가 주어지지 않기 때문이다.

제9옥의 네 번째이자 마지막 원은 유데카인데, 제34곡에서 다룬다. 유데카라는 이름은 스승이자 주인인 예수 그리스도를 배반한 유다에게서 따온 것이다.

이제 단테는 지옥 여행의 종점에 거의 이르렀고, 이 두 곡이 진행되면서 죄인들에게 두 차례 냉담한 반응을 보인다. 그 중 한 번은 성을 내며 얼어붙은 망령 가운데 하나를 공격하기까지 한다. 그것도 그의 이름을 알아내 땅 위로 돌아가서 그자의 이야기를 하기 위해서다. 위쪽 옥들에서는 죄인들이 땅 위에서 기억되기를 원하므로 자진해서 이름을 말하지만, 아래쪽 옥의 죄인들은 자기들 죄가 워낙 악독했기 때문에, 오히려 이승에서 잊혀지기를 바란다. 단테가 이곳 죄인들에게 냉담한 것은 이승에서 저지른 죄가 너무나 커서 동정심을 느끼려 해도 전혀 그럴 수가 없기 때문일 것이다.

우골리노 백작이 루지에리 대주교의 두개골을 갉아먹는 유명한 이야기가 제32곡의 끝머리에 나온다. 역사적으로 우골리노가 루지에리에게 잡혀 죽었다는 것은 잘 알려진 사실이다. 단테는 그 죽음이 너무나 처참해서 이 비극적인 사건을 온 세계가 알아야 한다고 생각했다. 단테는 처음에 그 두 망령이 함께 묶인 채 우골리노가 왜 그처럼 야수적인 굶주림으로 루지에리를 갉아먹는지 의아해 한다.

우골리노가 네 아들과 함께 갇히고 몇 달이 지난 후의 일이다. 어느 날 아침 무서운 꿈에서 깨어나 보니 아들들이 먹을 것을 애걸하고 있었다. 그리고 그와 동시에 성 문에 못을 박는 소리가 들렸다. 그는 그 소리가 그들의 죽음의 종소리임을 알고 있었다. 그는 아들들이 먹을 것을 애걸하다가 하나씩 죽어가는 모습을 모두 보아야 했다.

우골리노가 루지에리의 뼈와 살을 갉아먹는 행위는 '어린 안셀모'가 생전에 그의 아버지에게 했던 요청을 상징한다. "아버지께서 우리 몸에 살을 입혀주신 것이니, 아버지가 우리 살점을 먹어 도로 벗겨 가시면 덜 고통스럽겠습니다." 물론 우골리노가 아들의 살점을 먹을 수 없었고, 그가 보는 앞에서 아들들이 차례차례 죽어갔다. 말하자면, "슬픔이 해낼 수 없는 일을 굶주림이 해낸 것이다." 마침내 우골리노도 죽어 지옥에 왔고, 그와 아들들을 굶겨 죽인 원수와 함께 묶여 있으면서 그 원수의 골육을 영원히 갉아먹고 있는 것이다.

단테는 아무리 분노에 찬 응징을 가해도 이 처참하고 야만적인 행위에는 미치지 못한다고 생각했다. 그래서 그는 세상에 우골리노의 참상을 알리기로 약속하고, 우골리노의 이야기를 배반당한 자의 입장에 서서 제33곡에 서사시로 표현한다. 그렇다고 단테가 이 사건의 피해자들에게 동정을 표하는 것인지는 명백히 나타나 있지 않다. 그가 우골리노를 동정하는 것은 분명히 아니다. 우골리노 역시 반역자로서 마땅히 이곳에 와야 할 자이기 때문이다. 다만, 동정심을 일으키는 부분은 네 아들의 참혹한 죽음이다. 그들은 루지에리의 피해자가 되어서는 안 될 무고한 자들이 아닌가. 게다가 우골리노의 증오심이 극도에 달해 있다면, 루지에리에게 어떤 벌을 가한다 해도 복수욕은 충족될 수 없다. 요컨대, 우골리노는 복수를 할 수가 없다. 단테가 우골리노의 입장에 서는 것은 아마도 그 때문일 것이다.

우골리노가 루지에리에게 가하는 벌은 보복의 개념이다. 이 대목은 단테가 정성을 쏟아 지어낸 걸작이다. 단테로서는, 지옥의 밑바닥에서 우골리노와 루지에리 같은 죄를 범한 자들에게 달리 어떻게 연민을 표시할 방법이 없었을 것이다. 그러므로 독자들은 우골리노는 루지에리와 짜고 당을 배반한 반역자이므로 여기에 와 있지만, 동시에 시에서 말하는 대로, 배반을 당했기 때문에 그 배신자를 응징하기 위해서도 이곳에 있는 것임을 알아야 한다. 다시 말해, 우골리노는 신의 정의의 희생물인 동시에 신의 정의를 실현하는 도구이기도 하다.

역사적 사실에 주목하는 것도 흥미로운 일이다. 우골리노는 중년에 이른 두 아들과 어린 손자 둘과 함께 투옥되어 죽었다. 그렇지만 단테는 보다 인상적인 상황을 연출하기 위해 사실을 변형하여 시를 썼던 것이다.

응보의 법칙처럼 강력한 것은 없다. 생시에 루지에리는 우골리노를 굶겨 죽였다. 그 응보로, 지옥에서는 루지에리가 우골리노의 먹이가 되고 있다.

제 34 곡

사탄을 기어올라 세상 밖으로

시인들은 마침내 마지막 옥의 마지막 소옥에 도착한다. 제9옥의 네 번째 원, 유데카에 당도한 것이다. 그곳 죄인들은 아예 얼음 속에 완전히 잠긴 상태로 갇혀 있다. 얼음 속 죄인들의 자세는 가지각색이고 기괴하다. 이들은 주인 또는 스승을 배반한 자들이다. 이들은 말을 할 수가 없으므로 시인들은 그곳을 지나쳐 주인 격인 사탄을 향해 이동한다.

단테는 버질을 바람막이로 이용한다. 박쥐처럼 생긴 사탄의 날개가 퍼덕거리며 쉴 새 없이 찬바람을 보내오기 때문이다. 그 바람을 맞고 이곳의 얼음은 더욱더 단단해진다. 단테는 사탄이라는 소름끼치는 존재에 충격을 받아 정신이 혼미해진 나머지 사탄을 묘사하기가 어려울 지경이다.

사탄 역시 절반 정도는 얼음에 잠겨 있지만 상반신은 자유롭다. 사탄은 머리가 세 개이고 각기 색깔이 다르다. 빨강, 노랑, 검정. 각각의 머리에 달린 입은 저마다 하나씩 죄인들을 씹고 있다. 사탄의 가운데 입에서 가장 고통스럽게 씹히는 자가 예수를 반역한 유다이고, 나머지 둘은 카이사르를 반역한 브루투스와 카시우스라고 버질이 설명한다.

버질은 단테에게 자기를 꼭 잡으라고 한 다음, 사탄의 등으로 기어올라간다. 그리고는 사탄이 날개를 펼 때를 기다렸다가 안전하게 그의 허리께로 내려간다. 거기서 버질은 중앙 바위에 뚫려 있는 구멍으로 올라가더니 몸을 거꾸로 세운다. 단테는 버질이 다시 지옥으로 되돌아가려고 내려오는 것으로 생각하고 걱정한다. 이윽고 단테는 자기와 버질이 지구의 중심을 관통해 그 반대편에 와 있다는 것을 알게 된다. 그곳에서 내려다 보니 다리와 몸통이 얼음 속에 갇혀 있는 사탄의 모습이 거꾸로 보인다.

두 시인은 쉼 없이 걷는 긴 여행 끝에 마침내 땅 위로 뚫린 둥그런 구 멍을 통해 밖으로 나온다. 하늘에서는 별들이 반짝이고 있다.

: 풀어보기

주제 탐색 제34곡은 「지옥편」의 클라이맥스로, 사탄과의 만남을 다룬다. 마지막 원은 유다의 이름을 따서 유데카라고 한다. 여기도 응보의 주제에 따라 죄인들은 얼음 속에 영원히 갇혀 있다. 그들은 주인에게 반역한 죄인들이다. 이런 반역은 악의적인 반역의 죄 가운데서도 최고에 해당한다.

주제 탐색 종교와 정치라는 단테의 두 가지 주제가 이 곡에서는 사탄의 입에서 발견된다. 죄인들은 사탄의 이빨 사이에 서 영원히 씹히고 뜯기기를 거듭하는 벌을 받는다. 세상에서 가장 나쁜 죄인은 입맞춤으로 예수를 배반한 유다이다. 그 다 음은 브루투스와 카시우스. 그들은 단테가 사모하는 로마제국 의 건국자 카이사르를 배반한 자들이다.

문학적 장치 사탄의 모습은 경악스럽다. 흉악스런 세 개의 얼굴은 성 삼위일체를 뒤집어놓은 것의 상징이다. 단테는 사탄 이 한때 더없이 아름다운 천사였던 것과는 정반대로 더없이 흉악한 모습을 하고 있다고 탄식한다. 하지만 단테가 묘사한

사탄은 전통적인 모습만큼 두렵고 강해 보이지는 않는다. 그
저 얼음에 갇힌 채 벙어리처럼 소리만 지를 뿐이다. 천사였던
그에게는 이 상태 자체가 어쩌면 그 어떤 벌보다도 심한 것일
지 모른다.

단테　○

버질　○

○ 단테

　　단테가 전혀 죄를 짓지 않은 자였다면 굳이 지옥 여행을 할 필요가 없었을 것이다. 왜냐하면 이 여행의 목적 가운데 하나가 단테에게 죄악의 본질을 밝혀주려는 데 있기 때문이다.

　　우리는 단테가 어떤 종류의 죄를 지었는지 모르며, 그것은 중요하지도 않다. 중요한 것은 그가 어디선가 정도(正道)를 벗어나 길을 잃었다는 사실이다. 그는 이 무시무시한 지역을 여행하는 동안, 이승에서 가졌던 한 인간으로서의 품성을 잃지 않는다. 그리고 즐거움, 동정심, 공감, 공포, 혐오감에 이르는 다양한 희로애락의 감정도 그대로 유지한다.

　　예를 들면, 여행을 떠날 무렵, 단테는 저명한 작가였다. 그는 시대의 비판에서 살아남아 위대한 작가로 인정받는 고전 작가들을 만나자, 그런 만남 자체만으로도 경외심을 느낀다. 그런 단테인데, 시대를 초월해 가장 위대한 시인으로 추앙받는 사람들이 그를 자기들 집단의 일원으로 인정해 주자, 이루 말할 수 없는 긍지를 느낀다.

　　이와 대조적으로, 한 탐식가를 지옥에서 만난다. 그는 즐거운 기분으로 그를 기억한다. 아닌 게 아니라, 치아코는 생전에 향락적이고 관대한 주인으로서, 전형적인 '파티 인생'을 살았다. 단테는 그의 처지에는 동정심을 느끼지 않을 수 없다. 그를 알아보지 못해 미안한 느낌을 가졌기 때문에, 그의 기분을 상하지 않게 하려고 변명을 꾸며낸다.

독자들은 단테가 나타내는 죄인에 대한 연민 — 물론 나중에는 동정심을 낭비했다고 생각하게 되지만 — 을 보고 그를 사랑한다. 또 파리나타 같은 숙적을 만났을 때도 정치적 입장이 판이하지만 그의 권위를 인정하는 고상한 심성을 독자들에게 보여준다. 단테의 눈에는 파리나타가 지옥에 우뚝 솟은 강하고 장엄한 인물로 보인다. 이처럼 그를 높이 평가하는 이유는 파리나타가 누구보다도 피렌체에 강한 애정을 가졌기 때문이다. 특히, 파리나타가 '아마도' 자기가 피렌체에 너무나 시련을 준 것 같다고 말했을 정도임에도 불구하고, 단테는 최소한 그가 그의 동료들이 피렌체를 완전히 망하게 하지 못하도록 막아낸 점을 높이 평가한다. 그 하나의 업적만으로도 그는 뛰어난 인물이므로, 단테는 그를 만난 것이 자랑스럽다.

그는 더 밑의 옥에서 그가 흠모했던 학자이자 동료 작가였던 브루네토 라티니의 고통을 보고 더없이 깊은 연민을 느끼고, 모든 사람들이 그의 작품들을 읽고 알도록 하겠다고 약속한다. 그리고 이 멋진 스승과의 이별에서 눈물을 흘린다. 이것은 죄인을 만나보고 단테가 흘리는 마지막 눈물 가운데 하나다.

단테가 마음이 약하기만 한 것은 아니다. 악한 죄인에게는 그 죄에 상응하는 태도로 대한다. 한 분노자의 망령이 난폭하게 나오자 조금도 동정하지 않고 오히려 반격을 가할 태세를 보인다. 그런가하면, 한 삐진 자에 대해서는 처음으로 희롱조로 묘사한다. 그 다음 옥에 가서는 필리포 아르젠티가 겪는 고통이 커지자 오히려 만족감을 표하기까지 한다.

지옥의 맨 아래 밑바닥에 갇힌 한 망령이 이름을 대라는 단테의 요청을 거부하자, 그답지 않게 그 망령의 머리칼을 한 줌 뽑기도 한다. 이러한 행위들은, 실수로 자살한 죄인 피에르 델레 비녜를 다치게 했을 때 심한 자책감을 느끼는 것과 비교하면 너무나 상반된다.

○ 버질

로마인이 갖춰야 할 모든 고상한 덕성을 지닌 인물로 등장한다.

인간의 이성과 지혜를 대변하는 인물인 만큼, 여행 안내자로서도 완벽하다. 여행이 진행되면서 단테에 대한 태도는 상황에 따라 변하지만 그를 끔찍이 위한다는 점에서는 변함이 없다. 때때로, 단테를 나무라는 것은 망령들은 당연히 벌을 받아야 하고, 그 벌은 신이 주관하는 보다 큰 계획의 섭리일 뿐이므로 그들을 동정해서도 안 되고 설사 동정한다고 해도 달라질 게 없다는 것을 가르치기 위한 훈계이지 단테를 미워해서 그러는 것이 아니다.

그는 아주 조심스럽고 참을성 있게 지옥의 기능과 다양

한 구조를 설명하며, 항상 단테의 안전에 신경을 쓴다. 단테가 자기에게 전적으로 의지하고 있다는 것을 잘 알기 때문이다. 이따금 난관에 봉착하면 단테에게 뒤에 서서 기다리라고 하는데, 단테를 놀라지 않게 하려는 배려다. 그는 단순히 지옥의 길 안내자에 그치는 것이 아니라 단테의 영적 안내자요, 보호자이기도 하다.

끝으로, 여행의 마지막인 지옥의 맨 아래층에서도 단테가 죄인들을 또 동정하자 심하게 나무란다. 버질의 주요 임무는 준엄한 처벌을 받은 죄인들에 대해 단테가 의연한 자세를 갖도록 가르치는 것이다.

마무리
노트

시작과 끝: 프란체스카와 우골리노

'3'이라는 숫자의 사용과 그 상징성에 대해서는 의견이 분분하지만 숫자 '2'에 대해서는 그렇지 않다. 그러나 본격적인 지옥의 시작과 끝을 보면 2인1조로 영원히 서로 묶여 있는 죄인들이 등장한다.

지옥의 시작이라고 할 수 있는 제2옥은 제5곡에서 시작된다. 죄인을 어디로 보내 무슨 벌을 받게 할 것인지를 결정하는 미노스가 제2옥의 문턱에 자리 잡고 있기 때문이다. 그러므로 지옥은 사실상 제5곡에서 시작되며, 여기서 프란체스카와 파올로라는 한 쌍의 남녀가 벌을 받고 있다.

「지옥편」의 막판에 가면, 또 한 쌍이 벌을 받고 있다. 우골리노 백작이 루지에리 대주교를 뒤에서 껴안고 갉아먹는 것이다. 이 장면에서 지옥은 사실상 끝난다. 「지옥편」의 맨 마지막 곡은 두 시인이 사탄을 만나는 제34곡이지만, 단테가 지옥에서 마지막으로 만나는 인간은 제32곡 말미에 나오는 이 무시무시한 한 쌍이다. 단테의 「지옥편」의 주제는 이 대목에서 종결된다.

「지옥편」은 두 망령이 영원히 함께 하는 '사랑'으로 시작하지만, 끝은 완전히 대조적으로 폭력적이고 악한 사내가 더 악독한 사나이를 뜯어먹는 영원한 '증오' 속에 끝나고 있음을 우리는 눈여겨보아야 한다.

파올로와 프란체스카가 붙어 있는 것은 일종의 포옹이
며 그칠 줄 모르는 영원한 사랑의 유대이지, 속박의 의미가 아
니다.

그러나 우골리노와 루지에리가 붙어 있는 것은 '증오'
를 통해 서로를 속박하기 위해서다. 그 증오는 해소할 길이 없
다. 루지에리에게 어떤 벌을 가해도 우골리노의 증오심은 줄
기는커녕 영원히 증가할 뿐이다.

또한 중요한 것은 두 쌍 모두 그 상대방은 이름이 언급
되거나 그들이 직접 단 한 마디도 하지 않지만 그 상대방의 존
재가 강하게 느껴진다는 점이다. 파올로는 프란체스카가 그들
의 아름다운 사랑을 변호하는 태도에 매료되어 굳이 나설 생
각을 하지 않고, 루지에리는 자신의 악랄한 배신행위를 말했
다가는 더욱 심한 벌을 받을까 두려워서 입을 다물고 있다. 루
지에리는 우골리노가 말을 하다가 멈추고 갑자기 더 맹렬한
기세로 물어뜯자 그런 생각이 들었을 것이다.

두 망령의 도입부를 비교해 보자. 단테가 프란체스카에
게 무슨 연고로 이런 무서운 상황에 처하게 되었느냐고 묻자,
그녀는 대답한다. "내가 말을 하면 우린 함께 눈물을 흘릴 거
예요."(제5곡) 그리고 우골리노의 대답은 이렇다. "눈물을 흘
리며 그대에게 말하겠노라."(제33곡)

프란체스카의 대답에는 사랑이 깃들어 있다. 자기가 얘
기를 꺼내면 그들은 새삼스런 슬픔에 '함께 눈물을 흘릴' 것이

라고 말한다. 프란체스카와 파올로는 당면한 어려움 때문에, 지금의 비참한 신세가 한탄스러워서, 그리고 생시에 서로를 사랑했던 극진한 기쁨이 떠올라서, 함께 울 수밖에 없다는 것이다. 우골리노는 생전에 극도의 고통을 안겨준 악한을 붙잡고 있으니 생각만 해도 통한의 눈물이 나올 지경인데, 눈물을 흘리지 않고 어떻게 말을 할 수 있겠는가.

프란체스카는 연약한 여인이다. 파올로에 대한 넘치는 사랑을 자제하지 못하고 욕망으로 자라나게 한 것이 그녀의 죄라면 죄다. 사랑, 사랑, 사랑 ― 파올로에 대한 그녀의 사랑을 묘사한 3행연구는 이렇게 시작된다. 그녀의 말에는 매우 감동적인 진지함과 아름다움이 깃들어 있다. "그이는 날 사랑했고, 난 그이를 사랑했어요!" 그게 그들의 전부다. 그녀의 본질은 사랑이다. 그녀는 순수한 여인이다. 그녀에게는 부드러움과 순수함과 고상함과 상냥함이 있다. 파올로를 사랑에 빠지게 한 그녀의 성품은 지옥에 와서도 그대로 유지되고 있다.

지옥의 특징은 죄인들이 이승에서 행하던 그 저주받은 자질을 지옥에서도 여전히 발휘하는 데 있다. 프란체스카는 이승에서 파올로를 사랑했고, 지금도 사랑하고 있다. 그 사랑은 앞으로도 그치지 않을 것이다. 마찬가지로, 우골리노는 생전에 루지에리를 증오했고, 지옥에 와서도 증오한다. 그의 증오는 계속 커질 것이고, 영원히 만족스럽지 못할 것이다.

우골리노를 다루는 솜씨에서 단테의 천재성을 엿볼 수

있다. 우골리노가 지옥에 와 있는 것은 그 역시 반역자이기 때문이다. 그러나 그는 반역자로서가 아니라 반역당한 자로서묘사되고 있다. 그가 루지에리를 갉아먹는 잔혹성은 아버지로서당한 고통에 의해 경감된다. 이것이 응보의 원칙이다. 루지에리의 해골과 뇌수를 뜯어먹다 말고 문득 고개를 들고는 옆 사람의 머리칼을 한 줌 뜯어 냅킨처럼 입을 닦는 우골리노의 모습을 묘사한 단테의 시구를 읽는 순간, 그 야만적인 광경이 눈앞에 펼쳐지는 듯 생생하게 떠오른다.

우골리노는 아들 넷이 굶어 죽는 광경을 지켜보아야 했던 끔찍스런 과거를 회상한다. 그의 증오가 그토록 엄청난 것은 자식 사랑이 무한했기 때문이다. 그의 비통함이 그토록 처절한 것은 세상 그 무엇도 그의 마음을 누그러뜨려 줄 수가 없기 때문이다. 이야기를 마친 그는 곧바로 아래에 깔린 자의 머리통을 갉아먹는 일로 되돌아간다.

프란체스카와 우골리노는 모두 과거를 회상하고, 슬픔을 표현하고, 운명에 관한 단테의 질문에 답한다. 그러나 한 사람은 사랑의 아름다움을 절제된 언어로 강조하는 데 비해, 다른 한 사람은 분노와 증오의 야만적인 감정에서 헤어나지 못한다.

시인 단테와 순례자 단테

〈신곡〉 전편을 통해 우리는 두 사람의 단테를 본다. 시인 단테는 근엄하고 도덕적인 개인으로서 최고법원의 재판관이 되어 누가 지옥에 속해야 할지, 그리고 미노스처럼 그 죄인이 가야 할 옥이 어디인지를 결정한다. 이런 단테는 그 판단에 빗나감이 없고, 정상참작의 여지가 거의 보이지 않는다. 그는 가장 엄격하고 가혹한 기준으로 죄인들을 판단한다.

예를 들어, 시인 단테는 프란체스카 다 리미니의 조카 집에 얹혀살았다. 따라서 그녀가 결혼에서 어떻게 배신당했는지, 다시 말해 어째서 그녀가 활달한 미남 청년 파올로와 결혼하는 줄로 믿었고, 결혼하고 보니 어떻게 해서 그의 못생긴 형이 남편으로 둔갑했는지에 관해 잘 알고 있다. 그녀의 간통은 의도적이고도 인위적인 부정(不貞)이 아니었고, 점차적으로 의지가 약해진 결과였다. 그럼에도 불구하고 시인 단테는 그녀를 지옥에 배치한다. 하지만 순례자 단테는 지옥에서 그녀의 이야기를 듣고 가슴이 아픈 나머지 그만 기절하고 만다.

순례자 단테는 어두운 숲에서 길을 잃은 사람이다. 그는 옳은 길에서 벗어난 타인들에게 동정적이다. 그는 어두운 숲 속에서 길을 잃고 헤매게 되자 몹시 두려워한다. 그때, 버질이 접근해 온다. 순례자 단테는 처음에는 겁을 내고, 조심스러워하고, 놀라지만, 버질의 훌륭한 의도를 알아차리고부터는 그에게 의지한다.

처음 여행을 시작할 때, 순례자 단테는 죄인들의 고통을 목격하고 동정심을 나타낸다. 단테만이 아니라 인간적이고도 마음이 따뜻한 사람이라면 누구나 그럴 것이다. 그러나 지옥 여행이 계속되면서 순례자 단테도 점점 생각이 변하기 시작한다.

순례자 단테의 첫 번째 변화는 림보에 도착하면서 가장 극적으로 표현된다. 그들이 시인들의 사회에 도착하자 시인들이 단테를 그들의 일원으로 초청한다. 순례자 단테는 당황한다. 그럴 수밖에 없는 것이, 세상에서 가장 저명하고 칭송받는 고전 시인들의 반열에 오르는 것은 너무나도 명예롭고 우쭐할 만한 일이기 때문이다. 순례자 단테는 자기가 이 집단에 속할 인물이 못 된다고 느낀다. 그러나 독자는 순례자 단테를 거기에 끼워준 사람이 바로 시인 단테라는 사실을 기억해야 한다. 시인 단테는 스스로 위대한 시인들 사이에 끼어, 자신도 그 중 하나라고 자부한다. 당시로서는 이것이 단테가 자만심에 빠져 잘난 체하는 것으로 간주할 수 있겠으나, 훗날의 역사가 그를 위대한 시인으로 인정하고 있으니 다행스런 일이라고 하겠다.

그리고 시인 단테와 순례자 단테는 프란체스카의 곤경에 대해 각자 나름의 반응을 보인다. 다시 말해, 이분법적 반응이 나타난다. 단테는 이성적 판단에서는 엄격하지만, 감정적으로는 기절할 정도로 동정적이다.

단테는 다음 옥에 이르러 탐식가들을 대면하면서 약간 변하기 시작한다. '돼지'—욕심 많은 자를 지칭하는 일반적 단어—로 알려진 치아코가 순례자 단테를 알아본다. 단테도 그를 기억해 보려고 애쓰지만 생각이 나지 않자, 아마 '고통' 때문에 겉모습이 바뀐 것 같다며 친구를 위로한다. 그러다가 그의 이름을 듣고 비로소 유쾌하고 사람 좋던 낙천가 치아코를 기억해내고는 말한다, "치아코, 자네의 비통함이 나를 무겁게 짓눌러 눈물이 나네 그려." 하지만 독자는 탐식가라는 죄인 집단의 대표로 치아코를 택한 것이 시인 단테라는 사실을 염두에 두기 바란다. 지옥의 이 지점까지 순례자 단테는 죄인들의 감정을 헤아리고, 그들이 겪는 고통을 함께 하는 편이다.

그러나 제5옥부터는 연민의 정을 잃기 시작한다. 제5옥에서는 분노자들이 상대방을 가리지 않고 아무에게나 공격을 가한다. 단테는 그 중 하나가 공격해 오자 방어를 한다. 그의 이러한 행동은 죄인에 따라, 그리고 그 죄질에 따라, 변화하고 있음을 나타낸다. 분노해서 무조건 폭력을 휘두르는 자들에게 똑같은 방법으로 대응하는 것 외에 달리 무슨 방법이 있겠는가?

지옥의 아래 옥으로 내려갈수록 단테는 자주 두려움을 느끼고, 그때마다 버질에게 의지해 위로를 받는다. 지옥에 수용된 죄인들이 단테의 두려움의 대상이라면, 제9옥의 거인들은 두려움을 넘어 거의 공포의 대상이다. 그러나 순례자 단테는 이 모든 두려움과 공포를 극복해야 한다. 그리고 여기서 버질은 단테의 든든한 후원자가 된다. 하지만 때때로 버질조차 혼란을 일으키거나 약한 모습을 보인다. 이럴 때 단테는 정말 겁을 먹지 않을 수가 없다. 여행을 마치고 무사히 지옥을 벗어나고 싶은 순례자 단테는 버질에게 전적으로 의지할 수밖에 없는 상황이다. 그런데 그 길잡이가 낭패하거나 약한 모습을 보이니, 순례자 단테로서는 초조하고 두렵지 않을 수가 없다. 버질이 말라코다에게 속았을 때는 그의 자질을 의심하기도 한다. 그러나 이것은 시인 단테가, 인간의 이성은 한계가 있고 오류를 범하기 쉽다는 것을 보여주려고 만들어낸 상황임을 알아야 한다.

드디어 단테는 제9옥에 도착한다. 버질은 단테가 고통받는 망령들을 보고 머뭇거리며 울자 엄하게 꾸짖는다. 이제 지옥의 막장에 이르렀으니만큼, 순례자 단테는 마음이 더 굳세져야 하는데 그렇지 못하기 때문이다. 이 시점에서는 감상에 빠질 때가 아니다. 여행은 종점에 가까워졌고, 시간은 촉박하다. 단테를 빨리 이동시키려면 거칠게 다룰 수밖에 없다. 독자는, 시인 단테가 버질의 입을 통해 나약한 순례자 단테로 하여금 동정심이 결코 죄인의 운명을 바꿔주지 못한다는 사실을 억지로라도 깨닫게 하려고 꾸짖는다는 것을 알아야 한다.

순례자 단테의 동정적인 심경은 제9옥의 셋째 원에서 실수로 보카의 머리통을 발로 차고 나서부터 끝이 난다. 단테가 그 망령에게 이름을 밝히라고 했다가 거부당하자 머리칼을 한 줌 뽑아버리는 것이다.

이제 단테는 마지막 죄인을 만난다. 우골리노와 루지에리. 얼음호수 깊숙한 곳에 갇혀 우골리노가 루지에리의 해골과 뇌수를 갉아먹고 있다. 여기서 순례자 단테는 동정심을 나타내지 않고 그저 묻기만 한다 "왜 그렇게 야수적인 식욕으로 이웃을 게걸스럽게 뜯어먹고 있는가?" 그러자 시인 단테가 나서서 우골리노가 '이웃'에게 그처럼 게걸스럽게 달려드는 내력을 밝히도록 만든다. 순례자 단테는 이승에 돌아가면 그 이야기를 알리기로 마음먹는다.

우골리노는 자기가 지옥에 오게 된 죄에 관해서는 한마디도 하지 않고, 루지에리에게 배신당해 죽음에 이른 과정에만 초점을 맞춘다. 시인 단테가 전하는 우골리노의 이야기는 동정심과 두려움, 그리고 공포심을 일으킨다. 다시 말해, 시인 단테와 순례자 단테 모두 같은 감정상태가 된다. 지옥의 마지막 지점에 이르러 두 단테가 통합된 것이다. 여기서 우골리노가 자기 죄를 이야기하지 않은 것은 아래쪽 옥의 죄인들은 단테에게 이름을 밝히기조차 꺼린다는 사실과 연관 지어 이해하기 바란다.

이 부분은 원작에 대한 이해력을 테스트하는 난입니다. 다음의 세 가지 코너를 차례로 끝내면, 〈신곡〉에 대한 포괄적이고 의미 있는 파악이 가능해질 것입니다.

A 다음 질문에 알맞은 답을 고르시오.

1. 단테의 지옥에는 몇 개의 옥이 있는가?

a. 7　　　　b. 5　　　　c. 11　　　　d. 9

2. 왜 많은 사람들이 영원히 림보에 있는가?

a. 탐식가이기 때문에

b. 스승에게 반역한 자들이기 때문에

c. 그리스도의 구원을 모르기 때문에

d. 자연의 섭리를 거스른 죄인들이기 때문에

3. 사탄의 입에 물려 있지 않은 죄인은?

a. 카시우스　　　　　　b. 브루투스

c. 브루네토 라티니　　　d. 유다

4. 단테의 지옥 여행은 성 금요일에 시작해 언제 끝나는가?

a. 성토요일　　　　　　b. 부활절 주일

c. 사순절　　　　　　　d. 그 다음 금요일

5. 두 시인은 지옥 여행을 마치고 위 세상에 도착해 무엇을 보는가?

a. 산을 뒤흔드는 거인　　b. 별

c. 또 다른 지옥　　　　　d. 베아트리체

정답: 1. d　2. c　3. c　4. b　5. b

1. 나는 인생이라는 여행의 중간 지점에서 길을 벗어나 방향을 잃고, 어두운 숲 속을 헤매고 있는 나를 발견한다.

2. 그는 펠트로와 펠트로 사이의 나라에서 일어날 것이요, 그를 통해 부활과 새 날이 와서 비탄에 빠진 이탈리아를 구원할 것이다.

3. "거기 왔느냐, 보니파시오? 네가 벌써 왔느냐?" 그가 외쳤다. "예언의 책에 적힌 때와 여러 해 틀리는구나."

4. 기뻐하라, 피렌체여! 너의 깃발이 펄럭이며 자랑스런 날개로 바다와 육지를 덮었다. 그리고 네 이름이 지옥에 널리 알려져 있도다!

5. 왜 나를 차느냐? 몬타페르티 전투 때의 원한을 갚기 위해서라면 몰라도 그렇지 않다면 왜 내게 또 다른 고통을 주느냐?

6. 나는 약속을 지키지 않았다. 그놈에게는 약속을 지키지 않는 것이 예의이기 때문이다.

7. 한때는 더없이 아름다운 천사였으나 지금은 더없이 흉악하다. 여전히 조물주에게 반기를 들고 있다. 오, 모든 고뇌의 원천인 자여!

8. 너는 지금 다른 쪽 반구 아래에 와 있다. 우리 위에 하늘이 있고, 이 하늘 덮개 아래에 마른 땅이 펼쳐져 있다.

모범답안: 1. 「지옥편」 제1곡의 시작 부분. 단테가 하는 말.
2. 제1곡에 나오는 버질의 대사. 여기서 '그'는 단테의 친구 칸 그란데 델라 스칼라이다.
3. 제19곡에서 교황 니콜라오 3세가 단테를 보니파시오로 오인하고 하는 말.
4. 제26곡에서 단테가 피렌체에 대해 냉혹한 평가를 내리면서 하는 말.
5. 제32곡에서 단테가 실수로 그의 머리를 차자, 반역자 보카가 하는 말.
6. 제33곡에서 단테가 수사 알베리고의 눈에서 얼음 눈꺼풀을 제거해 주기로 약속했다가 거절하면서 하는 말.
7. 제34곡에 나오는 사탄에 관한 묘사.
8. 제34곡에서 버질이 단테에게 마지막 옥을 떠난 후 도착한 곳에 관해 설명하는 것.

 다음 질문에 대해 간단히 서술하시오.

1. 「지옥편」에서 버질의 역할에 관해 설명하라. 그는 단테와 어떻게 다른가? 그는 무엇을 대표하는가? 그는 적합한 안내자인가? 그보다 더 잘 안내할 자가 있다면?

2. 시의 전개에 따라 단테의 성격이 어떻게 변하는가? 그의 죄에 대한 견해는 어떻게 변하는가?

3. 단테가 〈신곡〉을 쓴 이유 가운데 하나는 피렌체 사람들에게 경고를 하기 위해서였다. 당시 피렌체의 정치 상황은 어떠했고, 이 작품에 어떤 영향을 미쳤는지 서술하라. 이 작품에 등장하는 몇몇 인물을 예로 들어 단테의 정치적 견해와 비교해 보라.

4. 신의 응보 개념에 관해 설명하고 본문에 나오는 예를 들어보라.

5. 단테가 제8옥에서 그렇게 오랜 시간을 보낸 이유는 무엇인가? 단테가 제8옥에 대해 「지옥편」 34개 곡 중 13개 곡이나 할애한 동기는 무엇이라고 생각하는가?

一以貫之 논술노트

〈신곡〉, 천국을 향한 지옥살이 ●

실전 연습문제 ●

一以貫之는 '논어'에 나오는 말로 '모든 것을 하나의 이치로 꿴다'는 뜻입니다.

논술의 주제와 문제 유형, 제시문들은 참으로 다양하고 가지각색입니다. 그러나 그 모든 것을 하나로 꿸 수 있습니다. '인간사회의 보편적 문제들에 대한 근원적인 물음에 답하는 자기 나름의 견해'라는 것이지요. 논술은 인간이면 누구나 부닥치는 개인적 또는 사회적 문제들에 대한 자기 나름의 고민이자 성찰입니다. 논술은 자기견해, 자기 가치관, 자기 삶에 대한 솔직한 고백입니다.

一以貫之 논술 연구모임은 '자신의 물음'과 '자신의 생각'을 갖고 '자신의 글'을 쓸 수 있도록 도와줍니다.

〈집필진〉
우한기, 이호곤, 박규현, 김법성, 김재년, 김병학, 도승활, 백일, 조형진, 우효기

〈신곡〉, 천국을 향한 지옥살이

처음 만나는 〈신곡〉

나는 지금까지 이 작품을 서양 것으로만 생각했다. 고대 그리스 로마 신화와 기독교적 가치관을 버무린 것, 철저하게 천국과 지옥으로 나누는 이분법적 발상 따위가 이 작품을 보는 내 시각이었다. 그래선지 한 번씩 집어 들었다가도 이내 내던져버리기 일쑤였다. "뭐, 이딴 걸 고전이라고? 불후의 명작이라고? 서양 사람한테나 그렇겠지!" 주변 사람들 얘기도 별다를 게 없었다. 〈그리스인 조르바〉에 나오는 '나'라는 인물이 손에 늘 이 책을 끼고 다닌다는 것도 나로선 정말이지 납득하기 힘들었다. 그렇게 세상 흐르는 대로 사는, 무엇에도 얽매이지 않은 매력적인 조르바를 소개하는 저자가 〈신곡〉에 매료된다는 사실이 그랬다.

그런 나에게 이번 원고는 괴로움 그것이었다. 도대체가 책장이 넘어가야지. 고작 「지옥편」을 읽으면서, 읽는 것 자체가 지옥이었다. 게다가 단테는 왜 그리도 많이 자기만 아는 인물들을 동원한단 말인가. 아예 글로 은원(恩怨)을 다 풀려고 작정한 것 아닌가.

그러던 중, 인터넷에서 우연히 황지우 시인의 글을 접했다. 그는 젊은 날 서양 시인에 매료된 적이 있단다. 그 중 한 사람이 바로 단테다. 그가 소개한 것은 지옥문에 새겨진 글귀였다.

나를 거쳐서 고통스런 마을로 가고
나를 거쳐서 영원한 고통 속으로 가며
나를 거쳐서 저주받은 무리 속으로 간다.
(3.1-3. 인용은 한형곤 역본, 서해문집, 2005).

시인은 여기 나오는 '나'를 지옥으로 보지 않고, '지금-여기'의 나, 그러니까 현실을 살아가는 나 자신으로 해석하고 있었다. 나 자신을 거쳐 지옥 속으로 들어간다는 것이다. 이 순간, 나는 뒤통수를 사정없이 얻어맞는 느낌이었다. 왜 나는 이런 생각을 한 번도 해보질 않았던가! 지옥은 죽어서 가는 어딘가가 아니었던 거다. 천국도 마찬가지다. 그것은 살아가는 현실 자체다. 나를 거쳐 지옥을 가듯, 나를 거쳐 천국을 가는 것이다. 단테가 그렇게도 동시대인들을 많이 동원한 것 역시 현실의 지옥과 천국을 보여주기 위함이었다. 한 마디로 〈신곡〉은 '지옥 같은 현실을 직시하여 천상을 오르는 영혼의 순례기'다.

이리하여 〈신곡〉은 내게 전혀 다른 것으로 다가왔다. 거듭 읽으면서, 단테가 그랬듯이, 내 삶을 돌아보고, 예수가 말한 '늘 깨어 있으라!'를 새삼 다지게 된다.

고전이 고전인 이유가 '누구나 다 들어봤지만 아무도 읽지 않은 책', '읽을 때마다 고전하는 책'이라고들 한다. 〈신곡〉

은 그 중에서도 특히 그 정도가 심하다. 그렇게 된 가장 큰 이유 중 하나가, 내 보기엔, 번역본마다 주렁주렁 매달린 해설이나 비평들 때문이 아닐까 싶다. 아예 〈신곡〉에 나오는 그 많은 등장인물이나 사건의 배경을 일일이 소개하기로 작정한 것 같다. 그러나 그것은 작품을 이해하게 하기보다는 오히려 질리게 만든다. 그 많은 설명을 읽노라면, "내가 이걸 왜 알아야 하지?" 하는 생각이 절로 드니까.

중요한 것은 단테가 깨달아가는 과정을 이해하는 것이다. 우선, 그가 만난 수많은 사람과 사건들이 나나 주변에서 일상적으로 대하는 것들이라는 점을 깨달아야 한다. 그러면서 깨어 있지 못해 나도 모르게 지옥의 삶에 처박혀버린 자신을 돌아보며 몸부림칠 때, 이 작품은 살아 꿈틀거리기 시작한다. 이렇게 이 작품은 우리의 삶을, 일상을 깨어 있는 정신으로 마주하게 해준다. 이제 조르바의 친구가 왜 그렇게 이 작품을 끼고 살았는지 알 것 같다. 그는 매일매일 지옥을 직시하여 천국을 살고자 한 것이다.

'지옥-현실'과 마주하기

〈신곡〉을 오해하는 가장 큰 이유는, 이것이 정말로 지옥과 연옥, 그리고 천국을 거친 여행기인 양 대하기 때문이다. 그러다보니 마치 신약 성서의 '요한계시록'을 옮겨놓은 듯한 느낌을 받고는 쉽게 포기하고 만다. 우선은 이런 선입견에서 벗어나야 한다.

　「지옥편」은 이렇게 시작한다.

　　우리네 인생길 반 고비에

　　올바른 길을 잃고서, 나는

　　어두운 숲 속에 있었다.

　　아, 거칠고 사납던 이 숲이

　　어떠했노라 말하기가 너무 힘겨워

　　생각만 하여도 몸서리쳐진다!

　　죽음 못지않게 쓸쓸했기에

　　나 거기서 깨달은 선을 말하기 위하여

　　거기서 본 다른 것들에 대해 이야기하리라.(1.1-9.)

　'올바른 길을 잃고서' 이윽고 '어두운 숲 속에 있었'음을 깨달을 때, 단테는 자기가 지옥에서 살고 있었음을 발견한다. '죽음 못지않게 쓸쓸'한 현실은 바로 지옥이다. 이것이, 그가 남다른 점이다. 지옥에 살고 있으면서도 지옥인 줄 모르는 삶에서는 천상을 오를 길이 막힌다. 그러나 지옥에 있음을 알아 그 지옥을 직시하는 삶에는 '다른' 길, 즉 천상의 길이 열린다.

　이후 단테가 여행하는 지옥은 말 그대로 우리네 삶을 옮겨놓은 듯하다. 지상과 지옥이 그대로 연결된다는 그의 발상은, 지옥을 흐르는 냇물이 지상에서 유래했다는 다음 구절로 잘 알 수 있다.

> 그의 머리는 순금으로 되어 있고
> 팔과 가슴은 진짜 은으로 되어 있으며
> 가랑이까지는 놋쇠로 되어 있었다.
> 그로부터 아래쪽으로는 온통 무쇠고
> 단지 오른발은 진흙으로 되어 있는데
> 다른 발보다 이 발로 버티고 서 있었다.
> 순금 이외는 어느 부분이고 모두 부서졌는데
> 그 갈라진 틈새로 눈물이 방울져
> 한데 모여 저 바위를 꿰뚫고 있더라.(14.106-114)

많은 비평가들은 이것을 인류의 역사로 본다. 즉 가장 좋았던 황금시대를 지나 은과 동, 철의 시대를 지나면서 부패하기 시작한 인류사가 진흙의 시대에 접어들면서 붕괴되기 시작한다는 것이다. 여기서 오른발은 교회를 상징한다(왼발은 국가다). 인류사의 붕괴는 교회로 인해 비롯된 것이다. 이처럼 붕괴하는 인류사가 바로 지옥이다.

뿐만 아니라, 제33곡에서 영혼은 지옥에 있지만 육신은 지상에 남은 경우가 흔하다는 말이 나오는데, 이것으로도 단테가 지옥을 현실 자체로 여기고 있음을 알 수 있다.

지옥에서 수많은 망령들이 겪고 있는 참담한 고통은, 우리가 겪는 일상의 지옥을 생생하게 보여주기 위한 장치들이다. 가령, 제2옥에서 정욕에 빠진 자들이 받는 형벌은 둘이 함께 뜨거운 광풍에 휩쓸리는 것이다. 이것은 견딜 수 없는 격정 앞에서 속수무책인 상태를 보여준다. 제3옥에서 쏟아지는 비, 눈, 우박을 맞으면서 진흙탕을 뒹굴어 흙을 퍼먹는 죄인들은 탐식(貪食)의 죄를 저지른 자들이다. 이처럼 먹는 것에만 몰두하는 삶은 진흙을 퍼먹는 것과 다를 바 없다는 것이다. 제8옥에서 불화의 씨를 뿌린 자들은 불화를 일으킨 몸뚱어리가 잘리는 고통을 겪는다.

각각의 옥을 지키는 수문장들은 각각의 죄악을 상징한다. 제3옥을 지키는 케르베루스는 세 개의 대가리를 가진 게걸스런 탐식자다. 그는 입에 오물덩어리를 던져줘야 조용해진다. 기만의 죄를 저지른 자들이 갇히는 제8옥의 수문장은 게리온이다. 그는 사람의 낯짝을 했지만, 몸뚱어리는 뱀이고 몸통에 올가미를 잔뜩 달고서 꼬리에는 전갈처럼 작살을 장착하고 있다. 유들유들한 낯짝으로 사람을 옭아매서는 뒤통수를 때리는 기만자의 형상을 그대로 보여준다.

따라서 지옥의 형상을 그저 끔찍한 무엇으로만 봐서는 안 된다. 그것에서 떠올릴 것은, 이토록 끔찍한 지옥을 무의식적으로, 서둘러 받아들이고 있었다는 뼈저린 현실이다(저리도 서둘러서 건너려 하는지(3.74,5)). 이것이 〈신곡〉이 우리에게 주는 첫 번째 선물이다. 이 현실을 받아들이기 싫지만, 받아들이지 않고서는 결코 지옥에서 벗어날 길이 없다.

그렇다면 단테가 보여준 지옥의 풍경 중 가장 큰 특징은 무엇일까? 그것은 지옥에 사는 사람들이 저마다 '홀로' 있다는 것이다. 물론 그들은 더불어 고통을 받는다. 그러나 그들은 서로를 물어뜯고, 서로에게 욕하며, 함께 있는 경우라도 함께 있는 것 자체가 고통을 가중시킨다. 제3곡을 보면, 그들은 '각자 다른 언어'(3.25)로 부르짖고 있다. 이처럼 지옥은 '소통불가능'한 상태다. 이것이 지옥의 본질이다. 이는 도스토예프스키의 〈카라마조프 가의 형제들〉에서 조시마 장로가 표현하는 지옥의 모습과 흡사하다.

"나는 '지옥이란 무엇일까' 하고 생각해 봅니다. 그것은 '결코 더 이상 사랑할 수 없는 고통'이라고 생각합니다. … 지옥의 불길이 물질로 이루어졌다고 말하기도 합니다. 그러나 만일 그 불길이 물질로 이루어졌다면 그는 진정으로 기뻐할지 모릅니다. 왜냐하면 나는 물질적 고통 속에서 사람들은 자신을 괴롭히는 정신적 고통을 순간적이나마 잊어버릴 수 있다고 생각하기 때문입니다."

장로가 생각하는 지옥은 결코 뜨거운 불길이 타오르는 곳이 아니다. 진짜 지옥은 '더 이상 사랑할 수 없는 고통'이다. 한 번도 사랑해 본 적이 없는 자가 이제 사랑하는 것이 무엇인지 알게 되었는데도 더 이상 사랑할 수 없는 상태, 즉 영원한 단절 상태에 빠지게 되는 것이 바로 지옥이다. 그렇다, 단절이다. 더 이상의 관계맺음이 이뤄지지 않는 바로 그곳! 단테는 이 단절이 구체적인 죄에서 어떻게 일어나는지를 생생하게 보여주고 있다.

물론 단테가 묘사한 지옥 중에는, 오늘의 관점에서 도저히 받아들일 수 없는 것들도 있다. 하느님과 예수를 몰랐다는 이유만으로 지옥에 갇혀야 하는 사람들(제1옥: 림보), 지독히 사랑하여 불륜을 맺은 프란체스카와 파올로(제2옥), 이단의 죄를 범하여 고통받는 에피쿠로스 추종자들(제6옥), 억울한 누명을 벗기 위해 자살한 사람이나 동성애자, 예언자들(제7옥) 같은 경우가 대표적이다. 이것은 단테의 시대적 한계라고 할 수도 있겠지만, 나는 오히려 이 대목을 처리하는 단테의 기법에서 당시대를 뛰어넘은 위대함을 본다.

그는 어느 한 순간도 이들의 죄를 징치하지 않는다. 그러기는커녕 림보에 있는 위대한 시인들과 나란히 선 자신을 자랑스러워하고, 프란체스카의 슬픈 사연에 끝내 기절하고 만다. 에피쿠로스학파인 파리나타에게서는 지옥에서도 굽히지 않는 조국애를 만난다. 억울하게 자살한 비녜에게 크나큰 연민을 보이고, 동성애자였던 스승 브루네토에게는 한없는 존경심으로 천국에 이르는 길을 토론하며, 고개를 뒤로 젖히고 뒷걸음질하는 벌을 받는 예언자들을 보면서 눈물을 흘린다. 그는 당시의 가치관에 따라 그들을 지옥에 배치하기는 했지만, 진심으로 그들의 삶을 긍정하고자 한다. 따라서 우리는 단테를 그저 중세의 가치관에 따라 천국과 지옥을 나눈 봉건적 인물로 평가해서는 안 된다. 그는 실로 중세를 뛰어넘어 근대를 열어젖힌 위대한 선구자로, 시대를 초월한 천국의 상을 마련하고자 한 인물로 기억되어야 할 것이다.

지옥의 위계 — 무절제를 중심으로

단테가 구성한 지옥은 크게 셋으로 나뉜다. 무절제와 폭력, 그리고 기만이 그것이다. 지상에서 깊이 들어갈수록 죄가 무겁다. 이 중에서 무절제가 지상에서 가까운 곳에 위치한다. 폭력의 죄부터는 디스라는 도시 속에 배치하여 무겁게 치고, 기만의 죄는 지옥의 밑바닥에 위치하는 가장 큰 죄다.

그가 죄의 경중을 가르는 기준은 '의지(의식)'의 유무다. 가령, 똑같이 돈 때문에 지은 죄라 하더라도 물욕에 빠져든 자(수전노, 낭비자)들은 가벼운 형벌을 받는데, 돈놀이를 한 자는 큰 형벌을 받는다. 앞사람들은 자기도 모르는 사이에 그렇게 되어버린 반면, 뒷사람들은 자연과 기술을 통하지 않고, 즉 노동을 통하지 않고 부당한 방법으로 돈을 벌려 했으므로 신의 질서를 어지럽힌 자들이기 때문이다.

여기서 우리가 주목할 것은 무절제의 죄목들이다. 폭력이나 기만은 의도가 포함되었기에 굳이 설명하지 않더라도 나쁘다는 걸 쉽게 납득할 수 있다. 그러나 무절제의 죄목들은 우리가 일상적으로 별 고민 없이 받아들이는 것들이기 때문이다. 그 전에 지옥 관문에서 고통받고 있는 '어느 것도 선택하지 않은 자들'을 살펴보자. 이것 역시 '깨어 있지 않음'에서 비롯되었다는 점에서는 무절제의 죄와 비슷하다.

(가) 어느 것도 선택하지 않은 자

이들은 어디에도 가지 못한다. 아무것도 선택하지 않는 것도 선택이다. 이들은 그 선택의 대가를 치러야 한다. 그들은 그들의 피눈물을 왕파리와 벌떼들이 핥는 형벌을 받는다. 단테는 이들을 일컬어 '한 번도 살아본 적이 없는 비열한 자(3.64)'라고 한다. 제 의지대로 무언가를 선택해 본 적이 없었으니, 살아도 산 것이 아닌 삶인 것이다. 왕파리와 벌떼는 비열함에 삶을 맡긴 자들에게 썩 잘 어울린다. 그처럼 추한 삶이다. 그런데 그들은 왜 이렇게 '한 번도 살아본 적이 없는' 삶에 빠져버렸을까?

자세히 보니, 깃발이 하나 눈에 들어왔다.
그것은 펄럭이며 하도 빨리 지나갔기에
모든 위세도 내겐 가치 없게 보였다.
사람들이 깃발을 따라 기다랗게 줄지어
왔어도, 죽음이 이다지도 많은 목숨을 앗아간 것을
나는 믿고 싶은 마음이 없었다.(3.52-57)

펄럭이며 위세를 떠는 깃발, 시대를 지배하는 가치, 그러나 그것은 아무런 가치도 없는 것이다. 깃발은 깃발일 뿐이다. 그런데도 그토록 많은 사람들이 이 깃발을 무의식적으로 뒤따랐던 것이다. 그러고선 그 깃발을 뒤따르는 것만으로도 충분하다고 안심하고, 거기에 안주한다. 어쩌면 이 깃발은 교회가 될 수도 있다. 펄럭이는 십자가를 뒤따르면서 정작 가난하고 고통받는 이웃을 선택할 줄 모른다면, 이것이야말로 '아무것도 선택하지 않는 죄'가 아니고 무엇이겠는가. 예수께서 말씀하셨다. "나더러 주여 주여 하는 자가 하느님 나라에 가는 것이 아니다. 내 아버지 뜻대로 행하는 자라야 갈 수 있다"(마태 7:21)고. 혹시 주여 주여, 외치는 지옥을 매주 찾아다니지는 않았는지 돌아볼 일이다. "나(하느님)는 예배보다는 자비를 원한다"(호세아 6:6) 여기서 우리는 왜 깨어 있음이 중요한가를 알 수 있다. 그것은 악에 물들지 않기 위함이기도 하지만, 나아가 무가치한 삶으로 전락하지 않기 위해서도 필요하다.

이 죄목은 확실히 예수의 '달란트' 비유와 잘 통한다. 어느 주인이 먼 길을 떠나면서 종들을 불러 각자에게 그의 능력에 따라 달란트를 나눠준다. 누구에게는 다섯, 누구에게는 셋, 또 누구에게는 한 달란트를 주었다. 주인이 돌아와 셈을 해보니 다섯을 준 종은 불려서 열 달란트를, 셋을 준 종은 여섯 달란트를 내놓았다. 주인은 그들이 번 것까지 합쳐서 주고 칭찬한다. 그런데 한 달란트를 받은 종은 그 돈을 고이 감춰뒀다가

고스란히 한 달란트만을 내놓았다. 그러자 주인은 이 종에게
호통을 치면서 한 달란트마저 빼앗고 내친다. 바로 이것이다.
저마다의 재능과 자질이 바로 신이 우리에게 준 달란트다. 우
리는 그것을 마음껏 써야 한다. 그것이 신이 우리에게 기대하
는 바다. 그것이 보잘것없다고 여겨 '감히 내가', '나 같은 놈
이 뭘', 하면서 자기다운 삶의 선택을 포기한다면, 그것이 바
로 선택하기를 포기한 죄를 범하는 것이다.

(나) 정욕에 빠진 자

이들은 제2옥에서 광풍에 시달린다. 그들 스스로가 정욕
의 광풍에 몸을 내맡겼음을 상징한다. 그런데 우리는 〈신곡〉
에서 참으로 안타까운 사연 하나를 본다. 바로 프란체스카와
파올로의 경우다. 이들 형수와 시동생의 불륜은 아름답고도
서글프다. 그들은 스스로 어찌할 수 없이 사랑에 빠져든 것이
다. 순례자 단테는 이들을 결코 징치하지 않는다. 그러나 그들
의 사랑이 지옥을 예비했음을 프란체스카 스스로 실토한다.

처참할 때
행복했던 시절을 회상하는 것보다
더 큰 고통은 없다오.(5.121-123)

이 사랑은 처참한 결말을 이미 예고하고 있다. 짧은 천국

이 긴 지옥을 준비한 것이다. 이들의 잘못은 그 긴 지옥을 냉철하게 판단하지 못한 데 있다. 이처럼 주관적 천국은 객관적 지옥일 수 있다. 그래서 늘 깨어 있어야 한다. 자신이 선택한 천국이 정녕 천국일 수 있을지 깨어 있는 정신으로 판단해야만 한다는 말이다. 단테는 그들에게 한없는 연민을 느끼지만, 냉정하게 그들을 제2옥의 대표적 인물로 선정한다. 아무리 동정을 받을 만한 경우일지라도, 지옥을 선택했다는 사실만큼은 변함이 없기 때문이다. 연민은 연민이고 판단은 판단이다.

(다) 탐식에 빠진 자

이들은 자연의 산물인 음식에 빠져든 자다. 이들은 무엇을 먹을까, 무엇을 입을까 걱정하지 말라고 한 예수의 말씀을 어긴 자들이다. 다산 정약용 선생이 유배지에서 자식들에게 보낸 편지에 쓴 것처럼, 먹고 입는 것은 몸을 보호하는 것으로 충분하다. 그렇게 보존한 건강한 몸으로 무엇을 할 것인가 고민할 일이다. 단테는 이들 탐식자들을, 제3옥에서 모질게 내리는 빗속 진흙탕을 뒹굴면서 오물을 삼키는 꼴로 묘사한다. 우리가 걸친 옷이든 우리가 먹는 음식이든 결국 그것은 흙에서 온 것이다. 그러니 그것에 빠지는 것은 흙탕을 뒹굴면서 흙탕을 먹는 꼴이 아니고 무엇이겠는가.

탐식이 왜 지옥을 갈 만큼 큰 죄인가라고 물을 수도 있겠다. 그런 사람들은 예수가 광야에서 40일 금식 기도 후에 받은 악마의 유혹을 떠올려야 한다. '돌로 빵을 만들라'는 유혹. 그것은 빵과 자유를 맞바꾸는 행위이기에 죄가 된다. 스스로의 선택으로 신의 뜻에 따르는 삶, 곧 자기에게 주어진 재능을 살리는 '나다운 삶'을 음식과 바꾼 것이다. 너나없이 먹고 사는 문제에만 매달려 정작 '나다움'을 잃어버린 오늘날, 단테의 지적은 통렬하기 그지없다.

(라) 수전노와 낭비자

이들을 감시하는 자는 저주받은 늑대인 플루토스인데, 그의 말은 번역 불가능하다. 이처럼 돈에 빠진 자들은, 다른 어떤 죄인들보다 훨씬 더 소통불가능한 상태다. 이들은 제4옥에서 서로 치고받고 싸우고 있다. 그들은 그들을 더럽힌 분별없는 생활 때문에 아무도 알아보지 못한다. 이처럼 재산에 눈이 멀어 돈 외엔 아무것도 분별하지 못하는 삶, 모두를 적으로 삼는 싸움터의 삶이 곧 지옥의 삶이다.

이들이 탐식자들보다 더 큰 형벌을 받는 이유는, 운명의 신이 관장하는 재화의 분배를 감히 넘보았기 때문이다. 운명의 신은 헛된 재화(7.79)를 골고루 나누고, 여기서 저기로, 저기서 여기로 옮겨놓는다. 그것이 재화의 자연스러운 흐름인데, 그걸 거스른 것이 바로 그들의 죄악이다.

여기서 잠시 로마의 철학자 세네카의 말을 들어보자. 그는 누명을 써서 벽지로 유배당하면서 졸지에 가난뱅이가 되었다. 이때 그가 어머니에게 보낸 편지 내용이다.

저는 운명의 여신을 결코 믿지 않았어요. 심지어 평화를 내려주는 것처럼 보일 때도 그랬어요. 그 여신이 친절하게도 나에게 내려준 모든 축복을, 말하자면 돈과 공직, 그리고 영향력을 저는 운명의 여신이 나를 방해하지 않고 다시 찾아갈 수 있는 곳에다가 맡겨두었어요. 저는 그런 것들과 아주 멀리 거리를 두고 있어요. 그러면 운명의 여신은 그것들을 나에게서 빼앗아가지 않고 그저 가져가기만 하면 될 테지요.

— 알랭 드 보통 〈젊은 베르테르의 기쁨〉 생각의 나무

그렇다. 재화에 탐욕을 부리는 것은, 운명의 여신의 몫에 쓸데없이 욕심을 부리는 죄다. 재화를 풍족하게 쓰는 것이 잘못은 아니다. 누릴 수 있을 때에야 맘껏 누릴 수 있다. 그러나 그것이 반드시 내 것이어야 한다고 생각하는 데서 문제가 생긴다. 그 순간, 그는 자기 가치를 잃고 만다. 그는 결국 자기로서의 삶이 아니라, 돈으로서의 삶, 돈의 노예인 삶을 살았던 것이다. 돈은 돈일 뿐이다. 그런데 돈에만 매달리니 돈의 노예가 되어 세상 모든 것과 단절되는 삶에 내몰리는 형벌을 받는 것이다. 物物而不物於物, 돈은 돈일 뿐이니 돈 때문에 돈이 되지 말라. 장자에 나오는 말을 내 식으로 해석해 봤다.

(마) 분노하는 자

여기에는 두 종류의 분노자들이 있다. 하나는 드러내놓고 분노하는 자고, 다른 하나는 속으로 증오를 품은 자, 즉 '삐진 자'들이다. 드러내놓고 분노한 망령들은 진흙 속에서 서로 치고받으며 이빨로 서로를 물어뜯는다. 한 마디로 '이전투구'다. 반면 '삐진 자'들은 진흙 속에 잠긴 채 뭐라 웅얼거린다. 그들이 하는 말은 이렇다.

> 햇빛 즐거이 비치는 달콤한 하늘에서
> 마음속에 괴로운 연기를 가졌기에 슬펐는데
> 이제 우리 시커먼 수렁 속에서 고통당하고 있구나.(7.122-124)

그런데 왜 '분노하는 죄'가 '~에 빠진 죄'에 해당할까? 이것이 왜 자제력을 잃은 죄 중 으뜸일까? 분노하는 가장 큰 이유는 자신의 기대가 배신당했다는 생각 때문이다. 여기서 나 자신을 돌아봐야겠다. 나는, 여러 사람들이 있는 데서 우리 아이들이 떠들거나 식탁에서 장난치다가 밥그릇을 엎었을 때 분노한다. 그 순간 나는 나 자신을 잃어버리고 만다. 왜 분노할까? 아이들이 남을 배려해야, 지나친 장난을 삼가야 한다고 믿기 때문이다. 그 생각에는 '아이들은 으레 이래야 한다'는 선입견이 작용하고 있다. 이 선입견이 배신당했기에 분노하는 것이다.

그러나 왜 아이들이 떠들면 안 되는가? 떠들고 장난치는 것이야말로 건강의 징표 아닌가! 내 생각대로 세상이 굴러가는 게 아니라는 걸 인정할 때 우리는 분노에서 벗어날 수 있다. 따라서 분노는 세상 이치를 내 맘먹은 대로 붙들어 매려는 오만에서 비롯된다. 세상의 이치를 내 맘대로 정하는 것은, 의식하든 않든, 신의 영역을 침범하는 것이다. 그리고 이것은 필연적으로 남에게 해를 끼친다.

여기까지가 '자제력을 잃은 자들의 지옥'이다. 여기에도 일종의 위계가 있다. 즉, 위로 갈수록 타인에게 죄를 덜 지은 자들이고, 내려갈수록 타인에게 해를 입힌 자들이다. 그러나 이들은 여전히 자제력을 잃었다는 점에서 덜 의도적인 경우라 하겠다. 그런 만큼 이들에게 부족한 점은 '깨어 있음'이다. 이들을 다시 정리하면, 펄럭이는 깃발을 무의식적으로 따름으로써 자신의 양심으로 판단하기를 포기한 자들, 정욕에 눈이 멀어 스스로를 잃어버린 자들, 음식에 빠져버린 자들, 돈에 빠져버린 자들, 분노에 빠져버린 자들이다. 이들의 공통점은 무언가에 빠져서 자기를 잃어버리고, 이웃을 잃어버린다는 점이다. 단 하나의 가치에 목을 매닮으로써 '자신의 진실한 가치로써 이웃과 더불어 삶', 즉 천국의 삶을 잃어버린 것이다. 이런 그들은 '잠에 취한 자'들이다. 단테가 여기서 자주 연민의 정을 보이거나 정신을 잃는 것을 보면, 그 역시 이런 '빠뜨리는 것들'

에 약할 수밖에 없음을 보여주려는 게 아닌가 싶다.

그러나 단테가 모두에게 연민의 정을 보이는 건 아니다. 그는 제5옥에서 그의 정적이었던 자에게 분노하고, 그가 더 큰 고초를 겪기를 바란다. 이를 본 버질은 단테를 칭찬한다. 이것을 단테의 편견이 작용한 것으로 볼 수도 있겠지만, 그건 단테 개인 사정일 뿐이다. 나는 이것을 '분노라는 죄악에 대한 분노'로 해석하고자 한다. 지금까지와 마찬가지로, 분노하는 자 역시 '~에 빠진 죄인'이다. 물론 이 죄는 타인에게 해를 끼치는 것이므로 죄질이 더 나쁘다고 할 수 있겠지만, 단테가 이전처럼 무조건 연민의 정을 보이지 않는다는 데 주목해야 한다. 그는 이제 더 이상 죄를 인정하지 않으려 한다. 이처럼 악에 분노할 줄 아는 것은 스스로 '~에 빠짐'을 경계하는 첫걸음이다. 그리고 이것이 천국의 삶을 향한 발걸음이다.

천상에 이르는 지옥살이

단테는 왜 지옥여행을 시작했는가? 맨 처음에 말했듯, 그것은 천상을 오르기 위해서였다.

계곡이 끝나는 바로 그곳에서
사람들을 온갖 오솔길로 인도하는
유성의 빛이 휘감긴 산기슭들을
나는 눈을 들어 쳐다보았다.'(1.15-18)

여기서 계곡은 지옥이다. 그는 바로 지옥이 끝나는 그곳, 즉 '지옥-현실'에서 '산기슭들', 곧 천국을 쳐다보고 있다. 그렇다. 지옥인 현실이 바로 천국을 향하는 길이기도 하다. 그런데 왜 그냥 '산기슭'이 아니고, '산기슭들', 즉 단수형 천국이 아니고 복수형 천국들일까? 천국은 정해진 어느 하나가 아니고, 저마다 가질 수 있는 것들이기 때문이다. 그래서 천국의 길은, 비록 오솔길이긴 해도, 하나가 아니라 저마다의 오솔길, '온갖' 오솔길이다. 마찬가지로 지옥 역시, 단 하나의 지옥이 아니라, 저마다의 지옥들이다. 이처럼 이 땅의 삶은 무수한 지옥과 천국들이 뒤엉킨 것이라 할 수 있다. 지금 단테는 자기의 지옥-현실에서 자기의 천국-현실로 오르려는 여행길을 나선 것이다.

뉘라서 지옥의 삶을 원하겠는가. 그러나 지옥의 삶은 도처에서 우리를 삼키려 또아리를 틀고 있다. 그 길은 넓다(입구가 넓다고 속지 말지어다!(5.20)). 수많은 사람들이 가기에, 아무 생각 없이, 잠에 취한 듯(1.12) 빠져들기 십상이다. 반대로 천국에 이르는 길은 '온갖 오솔길'(1.16)이다. 게다가 이 오솔길을 오르려는 자에게는 어김없이 표범과 사자와 암이리가 나타나 위협한다. 이처럼 사람들은 자신이 지옥에 살고 있다는 생각조차 못하는 미망(잠듦)에 빠져 천국 길을 잃고 있다. 또 낯선 '다른 길'이 주는 공포심 때문에 바른 길에서 벗어나(2.63) 이제 거꾸로 지옥의 삶을 갈망(3.126)하여 그토록 서

둘러 지옥행을 선택하는 것이다.

단테는 지금 천국을 오르려 하고 있다. 그런데 정작 그는 지옥을 내려간다. 이 얼마나 대단한 설정인가! 오르려는 자는 내려가야 한다. 「지옥편」에서 실로 경탄할 수밖에 없는 것은, 이 첫 부분의 내려감이 마지막에 오름으로 끝맺는다는 점이다.

해는 어떻게 하여
삽시간에 저녁에서 아침으로 바뀌었는지요?(34.104,5)

칠흑 같은 밤에 휘둘린 지옥길이 결국 천국을 향한 길이었던 것이다. 그리고 여행을 하는 도중, 그러니까 제7옥을 지날 때쯤 해서 단테 역시 이것을 명백히 밝힌다.

나는 죄의 쓸쓸함을 버리고 믿음직한
길잡이가 약속했던 달디단 과일을 찾아가려니
우신 힌가운데까지는 내려가야 합니다.(16.61-63)

천국을 향하는 자는, 무엇보다 먼저, 지옥을 직시해야 한다. 지옥-현실을 똑바로 보지 못하고서는, 나 자신의 지옥-삶을 꿰뚫지 못하고서는 천국에 이르지 못하는 것이다.

잠에 취한 눈을 사방으로 빙그르 굴리며

내가 있는 자리가 어드메인가 알고자

똑바로 일어나 뚫어지게 쳐다보았다.(4.4-6)

　　이제 우리는 단테의 천국과 지옥관을 알 수 있다. 그것은 죽어서 가는 어딘가가 아니다. 우리가 겪는 일상 자체가 곧 천국과 지옥이다. 그것은 누구에게나 주어져 있는 각자의 길이다. 또 천국이든 지옥이든 운명적으로 주어진 것이 아니라, 스스로 선택하는 것이다. 여기서 천국을 선택하는 자는 똑바로 깨어서 자신이 처한 지옥의 현실을 뚫어지게 쳐다보아야 한다. 직시해야만 한다. 그 지옥의 삶은 어느 한 가지에 국한된 것이 아니다. 지옥의 제9곡은 인생이 겪을 수 있는 수많은 '지옥-삶'을 보여주는 것이지, 반드시 어느 하나에만 속하는 것이 아니다. 그것들은 내가 살아가는 동안 언제든지 보고 듣고 빠질 수 있는 위험한 삶의 파노라마다. 그것을 깨어 직시하고 용기 있게 물리치는 자만이 천국의 삶을 누릴 수 있다.

　　따라서 천국을 향한 지옥살이를 시작했다 하여 천국에 접어든 것은 결코 아니다. 단테는 자신의 경로에서 자주 기절하고, 잠들고, 두려움에 떨고, 연민의 정에 사로잡히는 모습을 보여준다. 그것은, 비록 천국 길을 선택했다 하더라도, 언제든지 지옥에 떨어질 수 있음을 경고하기 위함이다. 그렇다면 비록 지옥의 삶을 살고 있다 하더라도 늘 지옥에 머무는 것만은 아닐 것이다. 자신이 지옥에 빠졌음을 직시하는 사람이라면,

언제나 천국 길로 접어들 수 있다. 이렇게 천국과 지옥은 고정된 무엇이 아니라, 스스로의 선택으로 이루는 삶의 과정인 것이다.

이 험난한 천국 길을 가장 잘 설명하는 것은 제15곡이다. 거기서 그는 동성애자인 스승 브루네토와 대화를 나눈다. 브루네토는 말한다.

네가 너의 별을 따라가는 한, 영광스런 항구에
실패 없이 도달할 수 있으리라.(15.56,7)

이에 단테가 화답한다.

나의 양심이 날 꾸짖지 아니하는 한
운명의 뜻대로 나 준비되어 있다오.(15.92,3)

이것이다. 자기 별, 자기 하느님, 자기 예수, 자기 님을 따르는 삶, 그것을 운명 삼아 언제든지 따를 준비가 된 삶이 곧 천국의 삶이다. 내 속에서 명령하시는 그 님의 말씀에 귀 기울여 따르기만 하면 된다. 이 님은 모두의 님이자, 바로 나 자신의 님이다. 따라서 그 님은 누구에게나 똑같은 것으로 현현하시는 분이 아니다. 나에게 가장 어울리는 님으로 화하여, 나의 오솔길을 비추는 님이시다. 만해의 싯구처럼 '내 운명의 지침

을 돌려놓은 님'이다. 지옥은 이 님을 잃어버린 상태요, 천국
은 이 님을 기어이 되찾으려는 분투, 노력, 깨어 있음의 과정
이다.

이에 스승 버질은 말한다.

"잘 듣는 사람만 마음속에 새기느니라."(15.99)

아, 이 말이 3의 3들이 꼭 찬 99행에 배치된 것은 과연 우
연의 일치일 뿐일까? 이 말씀이야말로 천국 길을 가고자 하는
이라면 누구나 새겨야 할 명구 중에 명구다. 내 속의 내 님이
내리시는 명령, 말씀, 이것을 잘 듣는 사람만이 마음속에 이를
새겨 언제라도 따를 태세를 갖출 수 있다. 이것을 공자 식으로
보면, 치(恥)다. 이를 해자(解字)하면 '마음(心)의 소리를 듣
는다(耳).'다. 부끄러워할 줄 아는 것이다. 이것이 바로 '깨어
있음'의 핵심이다. 늘 마음속의 명령에 귀 기울여 스스로를 돌
아보아 반성하는 것, 이것이 곧 나아감을 이루는 길인 것이다.
이것이 위험한 지옥-현실에서 천국-현실에 이르고자 하는 자
의 제일가는 덕목이다.

결 : 홀로, 더불어

천국은 각자 저마다의 길(1.15,6.)이다. 누구와도 함께 갈
수 없는 길이다. 그러면서 동시에 함께 가는 길이기도 하다.

지옥의 본질이 외따로 떨어져 누구와도 소통할 줄 모르는 상태임을 상기하자. 그들은 자기만을 위하였기에 모든 것을 잃어버린 자다. 반면, 단테는 버질과 함께 간다. 버질은 지성을 대표하는 인물이다. 그러면서 그는 산 자가 아니라 죽은 자, 곧 그림자다. 따라서 그는 단테 속의 강인한 정신, 냉철한 이성, 불굴의 용기를 상징한다 하겠다.

물론 버질을 '모세'와 같은 존재로 볼 수도 있겠다. 모세는 이스라엘 백성들을 이집트에서 구출한 지도자지만, 정작 그 자신은 하느님을 어긴 죄과로 인해 가나안 땅을 밟지 못한다. 버질도 단테를 지옥 같은 현실에서 구출해 천국 문 앞으로 인도하지만, 그 역시 지옥에 속한 자이기에 천상에 이르지는 못한다. 그러나 나는 버질을 내 속의 지성으로 새기고 싶다. 그 지성은 남성다움의 덕목이다. 그렇게 냉철하고 용기 있게 지옥의 현실을 똑바로 봐야 한다는 말이다.

그러나 지성만으로 천상에 이르는 것은 아니다. 천상으로 비약하는 데는 다른 무엇이 필요하다. 그것이 곧, 베아트리체이다. '사랑'이다. 많은 학자들이 베아트리체를 둘러싸고 논란을 벌인다. 그녀가, 단테가 어릴 적 만나 한시도 잊지 못한 바로 그 소녀인가, 아니면 신적인 존재인가를 둘러싼 논쟁이다. 내 보기에 이것은 아무짝에도 쓸데없는 논란이다. 〈신곡〉의 베아트리체는 사랑의 화신, 곧 예수의 화신이다. 곳곳에 흩어져 있는 베아트리체의 이미지를 보라.

고운 눈으로 모든 것을 볼 수 있는

그녀의 부드러운 눈앞에 네가 설 때

그녀에게서 네 삶의 길을 알게 되리라.(10.130-132)

오, 여인이시여. 그대 안에 내 희망이 힘을 얻고

그대 나의 구원을 위해 저 지옥 속에

발자취를 남기시는 괴로움을 겪으셨습니다.

내 보아왔던 그 많고도 많은 것들을

그대의 힘이며 그대의 선에서 온

은혜와 덕으로 나 이제 받아들입니다.

그 모든 길과 그 모든 방법으로써

나를 속박에서 자유에로 이끄신 그대,

모든 것을 이루시는 힘을 지니셨습니다.

그대의 너그러움을 내 안에 간직하시어

그대가 건강히 치유해 준 나의 영혼이 그대의

뜻을 따라 육체에서 풀려나게 하소서.(「천국편」 31.79-90)

이것은 정확히 예수의 모습이다. 나는 다시 한 번 단테의 위대함에 경의를 표한다. 그의 예수는, 다름 아닌, 여성의 상이었다! 그 예수가 베아트리체로 나타난 것이다. 네 이웃의 모습으로 나타난다는 예수의 말씀 그대로다. 따라서 베아트리체는 한 가녀린 소녀의 모습으로 단테에게 나타난 예수다. 그 순간적인 만남이 단테에게 영원한 것으로 남아 위대한 작품을 이룬 것이다. '순간의 영원화!' 지금 이 순간 나 자신에게도 누군가가 '보내진 자'로서 등장할지 모른다. 그 구체적 예수를 붙들 일이다.

결국 천국은 남성다움만으로는 이룰 수 없다. 그것은 베아트리체, 곧 여성다움의 미덕을 지닐 때라야 가능하다. 베풂, 나눔, 용서, 관용, 눈물. 한 마디로 '사랑'이 그것이다. 이것은 '자기 비움'으로만 이룰 수 있다. 마치 성모 마리아가 지상의 지옥에 눈물 흘리며 베아트리체를 보냈듯이(2.94), 천국은 자기를 비워 만물과 이웃을 채우는 자가 누리는 것이다.

따라서 천국의 삶을 살고자 하는 자는 남성다움과 여성다움을 겸비해야 한다. 냉철한 이성으로 지옥-현실을 직시하고 용기 있게 그것을 물리침과 동시에, 나눔과 사랑으로 만물과 더불어살이를 이루는 삶이 곧 천국의 나날이다. 이것이 천국을 이루는 지옥살이다.

〈문제〉　다음은 단테의 〈신곡〉 「지옥편」의 일부다. 아래 제시문에서 단테가 만난 지옥의 망령들이 저지른 잘못의 공통점을 지적하고, 그것이 현대 사회에서는 구체적으로 어떻게 드러나는지를 특징적인 현상을 들어 말한 다음, 여기서 벗어나기 위한 방안을 제시하라.

(가) "스승이여, 제가 듣는 게 무엇이며 고통 속에 사로잡힌 무리들은 누구인지요!" 그는 내게, "이 한스러운 꼬락서니는 한뉘 부끄러울 것도 칭찬받을 것도 없는 사람들의 고통스런 영혼을 붙잡고 있단다. 하느님께 항거하지도 않고 복종하지도 않고 단지 자기 자신만을 위하던 천사들의 저 나쁜 무리 속에 그 영혼들은 섞여 있단다. 하늘은 더 이상 추하게 되지 않으려 저들을 쫓아냈고 깊은 지옥도 그들을 받아주지 않으니 그들 스스로 어떤 영광을 가지려 했음이라." … 자세히 보니, 깃발이 하나 눈에 들어왔다. 그것은 펄럭이며 하도 빨리 지나갔기에 모든 위세도 내겐 가치 없게 보였다. 사람들이 깃발을 따라 기다랗게 줄지어 왔어도, 죽음이 이다지도 많은 목숨을 앗아간 것을 나는 믿고 싶은 마음이 없었다. … 한 번도 살아본

일이 없는* 이 비열한 자들은 벌거벗은 채 거기 있던 왕파리와 벌들에 의하여 심하게 찔리고 있었다. 그 벌레들은 저들의 얼굴에 피를 흘리게 했는데, 그 피는 눈물에 뒤섞이어 귀찮기만 한 그놈의 벌레들의 다리에 엉켜 있었다.

(나) 상냥한 마음엔 재빨리 타오르는 사랑이, 아름다운 내 육체로 그**를 사로잡으니 난*** 몸을 앗겼고 아직도 그 일이 날 괴롭히오. 사랑하는 누구에게도 사랑을 허용치 않던 사랑이 그 아름다움으로 그리도 강렬히 날 사로잡으니 나 아직 그대 보시듯이 그걸 포기 못하고 있소. 사랑은 우리를 똑같은 죽음으로 이끌더이다. … 처참할 때 행복했던 시절을 회상하는 것보다 더 큰 고통은 없다오. … 어느 날 우리는 재미로 란첼로토에 대해, 사랑이 그를 어떻게 옭아매었는지 읽고 있었소. 단지 우리뿐이었으니 거릴낄 건 하나도 없었소. 여러 차례나 우리의 눈을 마주치게 했던 그 책을 읽고 얼굴을 붉혔소. 그러나 우리를 사로잡은 한 대목이 있었다오. 우리가 그녀의 갈구하는 듯한 입술이 그 연인에 의해 입 맞춰지는 부분을 읽었을 때 이 사람은 나로부터 조금도 떨어져 있지 않고서 온통 부들

---

* 사는 것 같이 살아 본 일이 없다는 뜻.

** 파올로.

***프란체스카. 파올로와 프란체스카는 시동생과 형수 사이인데, 파올로는 불구인 형을 대신하여 신랑노릇을 한다. 이후 이 둘은 사랑에 빠지고, 동시에 형에게 맞아 죽는다.

부들 떨면서 나의 입술에 입 맞추었소.

(다) 나는 여기서 다른 곳보다 많은 떼를 보았으니 그들은 이쪽저쪽에서 큰소리로 울부짖으며 가슴의 힘으로 무거운 짐을 밀치고 있더라. 그들은 저희끼리 엎치락뒤치락하더니 하나같이 서로를 바라보면서 외쳤다. "왜 인색하게 돈을 쥐고만 있느냐?" 또 "왜 낭비하느냐?" 이렇게 그들은 모욕적인 말을 되풀이하며 양쪽으로부터 맞은편을 향해 캄캄한 원을 빙빙 돌았다. … "이들은 모두가 첫 번째 삶*에서 마음씨가 하도 비뚤어져 소비하는 데 한도를 지키지 못했다. 각기 반대되는 죄가 저들을 갈라놓은 원의 두 지점에 저들이 도달할 때면 제법 뚜렷한 음성으로 짖어대듯 말하였다. 이들이 곧 머리에 머리카락이 없는 성직자들, 교황들과 추기경들인데 이들은 탐욕이 지나친 자들이다." 나는 또, "스승이시여, 저자들 속에서 그런 죄로 더럽혀진 몇 개의 망령을 제가 분명코 알아낼 수 있습니다." 그러나 그는 "너 허튼 생각을 하는구나. 저들을 더럽힌 분별없는 생활이 저들을 아무도 알아보지 못하게 했구나. … 잘못 주고 잘못 간직하여 저들은 좋은 세상을 앗기었고 이와 같은 싸움터에 와 있으니 그게 어떠한지 꾸밈없이 내 말하겠노라. 여보게, 운명에 맡겨진 재화, 그 때문에 인류가 아귀다

---

* 지상의 삶.

톰하는데 재화의 순간적인 헛됨을 이제 알 수 있으리라. 지금 달 아래 있고 또 벌써 있었던 모든 황금도 이 피로에 지친 영혼들을 하나도 편안하게 하지 못하기 때문이다."

톰하는데 재화의 순간적인 헛됨을 이제 알 수 있으리라. 지금 달 아래 있고 또 벌써 있었던 모든 황금도 이 피로에 지친 영혼들을 하나도 편안하게 하지 못하기 때문이다."

다락원 명작노트 021

신곡 : 지옥편

펴낸이 정효섭
펴낸곳 (주)다락원

초판 1쇄 인쇄 2006년 1월 29일
초판 1쇄 발행 2007년 2월 5일

책임편집 안창열, 김지영
디자인 손혜정, 박은진
번역 윤성옥
삽화 손창복

다락원 경기도 파주시 교하읍 문발리 509-1
Tel:(02)736-2031 Fax:(02)732-2037
(내용문의: 내선 520/구입문의: 내선 113~114)
출판등록 1977년 9월 16일 제300-1977-23호

Copyright © 2007, 다락원

출판사의 허락 없이 이 책의 일부 또는 전부를
무단 복제·전재·발췌할 수 없습니다.
잘못된 책은 바꿔 드립니다.

값 8,500원

ISBN 978-89-5995-136-9 43740

패턴 따라 쉽게 쓰는 틴틴 영어일기 1, 2

❶ 일상생활 패턴정복
❷ 학교생활 패턴정복

중학교에 다니는 여학생과 남학생이 각각 일상생활과 학교생활을 중심으로 1년간의 일을 쉽고 재미있게 쓴 영어일기. 중학생이라면 누구나 한번쯤 겪어봤을 만한 일들을 바탕으로 한 다양한 일기 소재와 어휘가 제공되어 있기 때문에, 영어일기를 통해 영작을 연습하려는 학습자에게 큰 도움이 될 수 있는 교재이다. 중·고생뿐만 아니라, 중학 영어를 미리 예습하려는 예비 중학생들에게도 아주 효과적인 영어 학습서로 강추!

☐ 정미선 지음 / 4·6배 변형/192면
☐ 정가 10,000원 (오디오 CD 1개 포함)

Teen Teen Diary (전3권)

❶ **매일 10단어로 뚝딱 중학생 영어일기**

중1 수준의 어휘와 문장으로, 영어일기와 일상회화에 대한 감각을 익힌다.

☐ 정미선 지음 / 신국판 / 144면
☐ 정가 7,500원 (테이프 1개 포함)

❷ **매일 5문장으로 술술 중학생 영어일기**

중2 수준의 어휘와 문장으로, 영어일기에 친숙해지고 자신감을 쌓는다.

☐ 정미선 지음 / 신국판 / 152면
☐ 정가 7,500원 (테이프 1개 포함)

❸ **매일 내맘대로 쓱싹 중학생 영어일기**

중3 수준의 어휘와 문장으로, 중학영어를 마스터하고 미국의 일상회화에 익숙해진다.

☐ 정미선 지음 / 신국판 / 144면
☐ 정가 7,500원 (테이프 1개 포함)

지니의 미국생활 영어일기 Hello! America (전2권)

❶ **가을학기**   ❷ **봄학기**

어느 한국 여학생의 미국생활 이야기를 일기 형식으로 담은 책. 1권은 '가을학기', 2권은 '봄학기'편으로, 총 1년간의 미국 학교생활 및 일상생활에 관한 흥미로운 이야기들이 담겨 있다. 미국 학생들의 실생활을 바탕으로 한 탄탄한 스토리로 살아 있는 현지 영어와 미국문화를 체험할 수 있을 뿐만 아니라, 영어 독해 및 영작 연습을 할 수 있는 아주 유용한 교재이다.

☐ 이지현 지음 / 국배판 변형 / 152면
☐ 정가 8,500원

영어 독해력 증강 프로그램

행복한 명작 읽기

〈행복한 명작 읽기〉는 기초가 약한 영어 초급자나 초, 중, 고 학생들이 보다 즐겁고 효과적으로 명작들을 읽으며 독해력을 키울 수 있도록 개발된 독해력 증강 프로그램입니다.

책의 특징

1 골라 읽는 재미가 있다. 초보자를 위한 350단어 수준에서 중고급자를 위한 1,000단어 수준까지 5단계 구성.

2 단계별로 효과적인 영어 읽기 요령과 영문 고유의 참맛을 느낄 수 있는 장치가 곳곳에.

3 읽기만 해도 영어의 키가 쑥쑥 - 해석을 돕는 돼지꼬리(↗), 영어표현 및 문법 설명, 퀴즈가 왕창.

4 체계적인 듣기 학습까지. 전문 미국 성우들의 생동감 넘치는 원음을 담은 오디오 CD 제공.

왕초보 기초다지기

쉬운 영문을 통해 영어 독해에 대한 막연한 두려움을 없앤다.

Grade 1 Beginner — 350 words

1 미녀와 야수
2 인어공주
3 크리스마스 이야기
4 성냥팔이 소녀 외
5 성경 이야기 1
6 신데렐라
7 정글북
8 하이디
9 아라비안 나이트
10 톰 아저씨의 오두막

Grade 2 Elementary — 450 words

11 이솝 이야기
12 큰 바위 얼굴
13 빨간머리 앤
14 플랜더스의 개
15 키다리 아저씨
16 성경 이야기 2
17 피터팬
18 행복한 왕자 외
19 몽테크리스토 백작
20 별 | 마지막 수업

국판 | Grade 1, 2, 3 각권 6,000원
(오디오 CD 1개 포함)

Grade 4, 5 각권 7,000원
(오디오 CD 1개포함)

*어린왕자 8,000원
(오디오 CD 2개 포함)

**고도를 기다리며 9,000원
(오디오 CD 2개 포함)

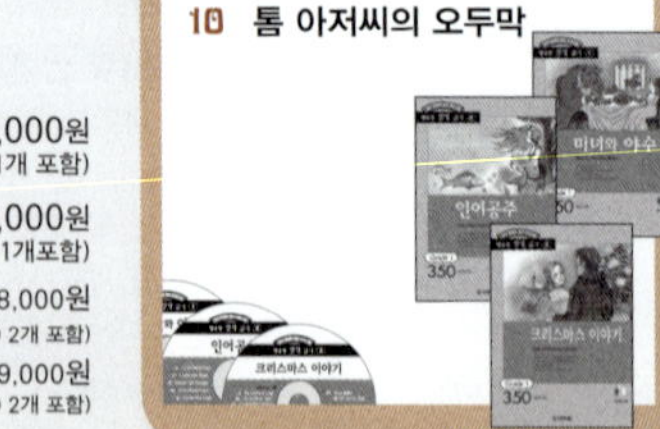

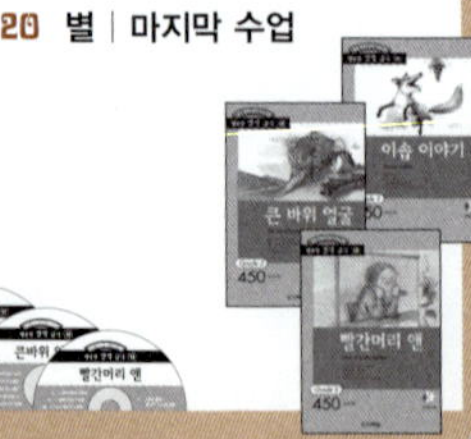

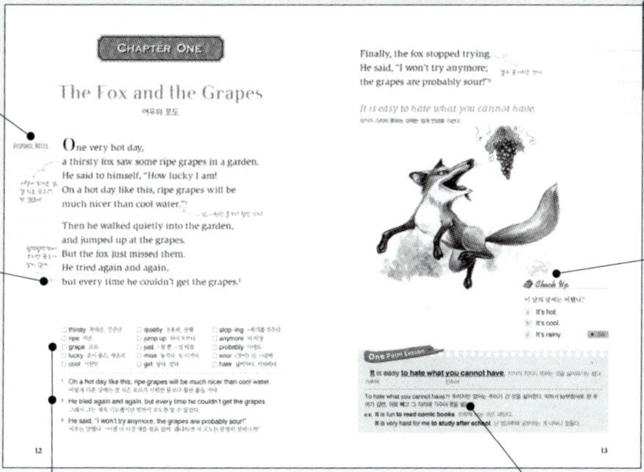

Response Notes
(독자의 공간)
영문을 읽어나가다
궁금한 점, 기억해 두어야
할 점을 메모한다.

해석 도우미
(일명 '돼지꼬리')
꼬리 끝에 해석을 돕는
힌트가 꽂혀 있다.

주요 어휘 및 문장 해석

Check-Up
내용 파악이
잘 되었는지 확인.

One-Point Lesson
주요 문법사항이나 표현에
대한 심층 분석 코너.

✚ 실력 굳히기 ✚

실력에 맞게 효과적으로 끊어 읽으며 직독직해 훈련을 한다.

★ 영어의 맛 ★
제대로 느끼기

영문판 원서 도전을 위한
전 단계의 준비과정이다.

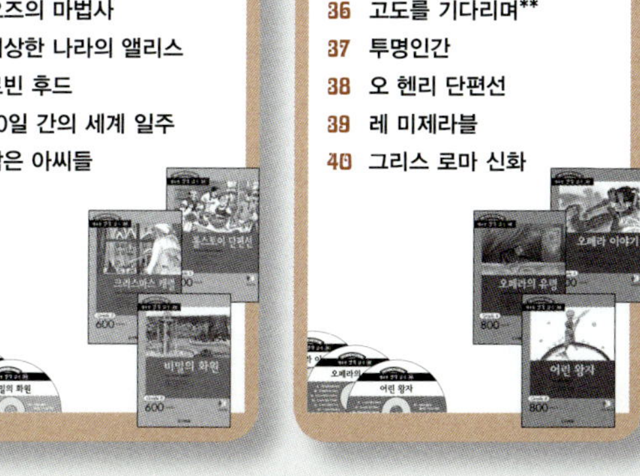

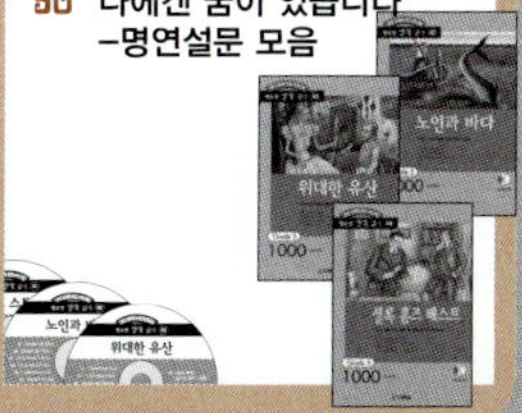

콕콕 찍어 들려주는 명작 리스닝 시리즈 [전20권]

세계 명작소설을 쉽게 고쳐 쓴 중·고생용 학습 교재. 독해와 함께 청취력 향상을 위해 전 내용을 녹음하고, 매 페이지에 리스닝 포인트를 두어 한국인이 듣기 어려운 부분은 또박또박한 발음으로 반복해 들려준다. 권말에는 영어듣기 테스트를 수록해, 입시에서 점점 비중이 높아지는 듣기시험에 대비하도록 했다.

□ 각 권 4·6판/140면 내외
□ 정가: 각 권 5,800원 (테이프 2개 포함)

① 이상한 나라의 앨리스 / 백설공주와 일곱 난쟁이
Alice's Adventures in Wonderland / Snow White and the Seven Dwarfs

② 이솝 우화
Aesop Fables

③ 그림 동화집 / 잭과 콩나무
Grimms Fairy Tales / Jack and the Beanstalk

④ 재미있는 이야기 / 미녀와 야수
Famous Stories / Beauty and the Beast

⑤ 알라딘과 요술램프 / 이른 아침의 살인
Aladdin and the Magic Lamp / Dead in the Morning

⑥ 오즈의 마법사 / 흑마 이야기
The Wonderful Wizard of Oz / Black Beauty

⑦ 걸리버 여행기 / 쉽게 번 돈
Gulliver's Travels / Fast Money

⑧ 거울 속의 앨리스 / 정원
Through the Looking Glass / The Garden

⑨ 피터 팬
Peter Pan

⑩ 큰 바위 얼굴 / 크리스마스 선물 / 알리바바와 40인의 도적들
The Great Stone Face / The Christmas Present / Ali Baba and the Forty Thieves

⑪ 돈키호테 / 헨리 포드 이야기
Don Quixote / Tin Lizzie

⑫ 로빈 후드 / 어느 병사의 죽음
Robin Hood / Death of a Soldier

⑬ 신문 배달 소년 / 긴 터널 / 몰리의 순례자
Newspaper Boy / The Long Tunnel / Molly Pilgrim

⑭ 언덕 위의 집 / 헤라클레스
The House on the Hill / Hercules

⑮ 우주 도시로의 여행 / 요술 정원
Journey to Universe City / The Magic Garden

⑯ 마르코 폴로 / 크리스토퍼 콜럼버스 / 올리버 트위스트
Marco Polo / Christopher Columbus / Oliver Twist

⑰ 삼총사 / 레슬러
The Three Musketeers / The Wrestler

⑱ 불의 전차
Chariots of Fire

⑲ 런던 경시청 이야기 / 아서 왕
The Story of Scotland Yard / King Arthur

⑳ 도난당한 편지 / 붉은 머리 사교회 / 트래버스 씨의 첫사냥
The Stolen Letter / The Society of Red-Headed Men / Mr. Travers First hunt

Notes

Notes